古智慧引領現代企業
老子在商界

邱少華 著

從道德經到處世哲學，
商業、政治、日常生活中的道家思想

【古智今用】當生活遇上道德經

深度解讀老子思想，揭示生活與工作的平衡之道
老子智慧現代應用，解析古典，助您生活商業雙贏！

目錄

目錄

前言

《老子》亦名《道德經》，是中國的大思想家老子所著的一本書。

老子是「聰慧、淵博、才智」的代表，早在孔子未成名之前，西方已有學者研究過老子，對他的學說與思想讚賞不已。

孔子是「仁」的典型人物，老子則是「智慧」的代表。孔子曾經問禮於老子，尊老子為師。一般人（尤其是官員們）都喜歡孔子，他的儒家思想讓人激賞，他推崇理性，崇尚修身，在平凡世界裡，這種思想維繫著整個社會禮教與倫常的關係。

孔子就像是一個家庭中的父親，名正言順地使每一個家庭成員，公開地向他學習，以他為榜樣，引以為榮。而老子思想中所抱持的反面論點，對自然與直覺的偏好與激奮，卻像是一個在父親知識範圍以外的老師，使人暗中向他學習，暗中去探索那些父親所不知道，不能或不願意傳授的知識和學問，如宇宙的神祕、生死的意義、內在心靈的震撼、不知足的煩惱、人性的真面目，人性的體會、成長、智慧，如何無為自然，如何清淨自在，甚至如何逃避人情世俗所給予的壓力、煩惱、苦悶等。

老子活了一百多歲，他寫《道德經》時，已經七十幾歲了，是老人智慧的總匯。道德經分為上、下兩篇，以上篇第一句「道可道，非常道」的道字，和下篇第一句「上德不德，是以有德」的德字，合稱為《道德經》。全書共八十一章，五千二百多字，字字珠璣。

《道德經》是一本哲學著作，也是養生之道大全。

它的思想體系是由宇宙論延伸到人生論，再由人生論延伸到政治論，宇宙論是整個哲學的基礎。世間人往往先顧自己，以自己為主，所謂「人不為己，天誅地滅」。有了自己的利益，才有政治論，才有人生論，最後才有宇宙論。老子所說的道，是自然界的哲理，自然無為，無所欲望。天之道是「損有餘而補不足」，而人間之道卻是「損不足而奉有餘」。所以，這個社會有錢的越是有錢，貧窮的還是貧窮。儘管許多人在「替天行道」、「劫富濟貧」，但終是「雪中送炭」的少，「錦上添花」的多。

老子所說的「德」，是天地的「上德」。「大德」是自然的德，施恩不望回報，大公無私的德。而不是一般帝王、君主、社會人民的「下德」，有目的、有代價、有收穫的、攻心機、耍手段、賣弄聰明的「缺德」。

老子的才智、學說和思想，都在他的八十一章道德經裡表現出來。在今日的經濟社會裡，大家都認為《孫子兵法》對行政管理有極大的幫助，其實老子思想，如：天地、道、德、智、用兵、水的哲學、嬰兒、返璞歸真、恬靜、知足、無為、分合、成功、失敗、剛柔、求知、養生、榮辱、治術、難易、賞罰、強弱、相對論等，也可以使我們在處世待人，經商從政等各種生涯中，得到很大的啟示，使我們的生活過得更踏實。

老子是誰？

老子是中國最古老的哲學家、思想家。他是春秋時代的人，是「聰慧、淵博、才智」的代表。在秦始皇之前的時代，有許多偉大的人物，其中如老子、孔子、孟子、荀子、墨子、莊子、公孫子、龍子、管子、韓非子，這十人合稱為「十子」。「十子」之中，有的是道家、儒家、墨家；有的是名家、法家和兵家。他們在中國傳統文化和思想中，占有非常重要的地位，對東西方文化思想學說的發展，也具有重大的影響。

有人說老子姓李，也有人說他姓老。因為在春秋時代並沒有李姓的記載，直到戰國時期，才有李悝、李克、李牧等人的出現，再加上先秦諸子都以姓來稱呼，比如孔子、孟子、荀子、莊子等，所以說老子姓老，也有道理。

一般人又依據司馬遷的《史記》中所記載的，把老子列為李氏的老祖宗。尤其是唐太宗李世民，他也宣布李耳為唐朝李氏的族祖，說李耳就是老子。後人對老子姓李名耳，便深信無疑了。

老子名耳，字聃，是楚國人。大家尊重他的年紀很老，所以在他的名字前面，加了「老」字，叫做老聃。到了莊子時代，大家開始稱他為「老子」，是弟子尊稱老師的意思。這樣的稱呼，一直用到現在。當時老子的官職是「周守藏室之史」，主管藏書經典文物，相等於現在的國家圖書館館長。

老子的生年不詳，大概在西元前五七一年左右，和孔子同一時代，比孔子大了二十歲，比釋迦牟尼大十四歲。

老子的名字「聃」，就是耳曼的意思，耳曼就是耳朵長，耳長是長壽的象徵。相傳老子的耳垂長七寸，所以現在的畫家畫人物畫，喜歡把人的耳垂畫得很大很長，表示長壽。再說，老就是考，人們常說的「五福臨門」是：一壽、二富、三康寧、四好德、五考終命。考終命就是年老而善終。一個人能夠健康地活到很老，又能善終，是最大的福報。

到底什麼是老？什麼是長壽？

古時候的人認為五十歲以上就算老，晉代人以五十五歲以上為老，隋朝人以六十歲為老，唐代人也以五十五歲為老，宋人以六十歲為老，而現在的銀髮俱樂部，也多以五十五到六十歲為申請入會的標準。「老」是對品德高尚的老人家的尊稱，而不單指「年齡」的「老」。

「壽」是年歲久老之稱，上壽一百二十歲、中壽一百歲、下壽八十歲。也就是說，超過八十歲的人，才有資格被稱為「長壽」。根據《史記》中記載，老子活到一百六十歲。以他的修行，有這樣的壽命，絕對沒有問題。

孔子和老子

大家對孔子很熟悉，對老子就比較生疏。老子的智慧比孔子的高出很多。孔子曾經向老子請教禮儀之事，所以尊老子為師。

那一年，孔子三十四歲，到了周國，向老子請教禮法，當時老子的名聲很大，他聽說孔子要來見他，還是十分謙虛地坐車到郊外迎接。

孔子看到了非常感動，急忙恭敬地走上前去，說：「老師親自來迎，弟子實不敢當。」

老子笑著說：「誰是老師？誰是弟子？這可不是絕對的。在我懂得多的時候，我是老師；在你懂得多的時候，你是老師。所以我是老師，你也是老師；你是學生，我也是學生。」

孔子向老子請教了許多問題，學了很多知識和做人的道理。在告別的時候，孔子對老子說：「老師啊！鳥會飛，可是常被人的箭射下來；魚會游泳，可是常被人釣起來；獸會奔走，可是也常落入獵人的陷阱中。只有一樣東西，誰也降不住牠，穿梭於風雲間，想上天就上天，自由自在，那是傳說中的龍，您就是那樣的龍啊！」

老子不以為然，說：「那可未必，龍也會掉下來的。」

老子接著說：「富貴的人送人以財，仁慈的人送人以語言。我沒有錢，只好送你幾句話。」

孔子很恭敬地聆聽。老子說：「君子得勢的時候，可以出來當官，不得其時就應該隱居起來。君子的智慧超過一般普通人，外表看起來卻像是愚笨的人一樣。所以你要去除那種傲氣和奢望，因為這些東西對你沒有好處。」

孔子回去對弟子說：「我今天見到老子，他就像龍一樣。」

老子在七十多歲時，寫了一本書，書名就叫做《老子》，也叫《道德經》。當時老子已經到了孔子所說的「七十從心所欲」的年齡了，所以這本書可以說是老人家智慧的總匯。

什麼是道？

道是宇宙萬物的起源，天地萬物都是由道演變而來的。老子說：「有物混成，先天地生，寂兮寥兮，獨立而不改，周行而不殆，可以為天下母，吾不知其名，字之曰道，強為之名曰大。」

老子把天地看成自然之物，他說「萬物生於有，有生於無」，「道生一、一生二、二生三、三生萬物」，從無到有，不是一種突發的過程，而是逐步演進而來的。

這個說法，很符合演化論、生態學，甚至佛教的因緣、因果等道理。老子認為宇宙萬物，最初的起源是「無」，「無」本來就沒有名字，所以稱之為「道」，或勉強把它叫做「大」。老子把陰陽二氣結合起來，他說：「萬物負陰而抱陽，沖氣以為和，陰陽和，萬物生。」

陰陽和諧之氣，就能生成各式各樣的萬物，小至草、蟲、人類；大至月亮、地球、太陽和行星、太陽系和銀河，甚至整個宇宙，都是很有規律地隨著自然，產生生命而運作，絕對不會出差錯，這就是道的作用。所以他說：「人法地，地法天，天法道，道法自然。」

什麼是自然？

自然就是「無為」，無為就是沒有私人欲望，沒有目的，沒有企圖，使一切萬物自然存在，自然運作，自然活動。現在人類一直不停地破壞大自然，這就是違反了道，違反了道，終將自取滅亡。

「道」可以分成天道、人道兩種。天之道，是「損有餘而補不足」，使一切得到平衡。而人之道則是「損不足而奉有餘」，所以貧窮的人還是貧窮，有錢的人越是有錢。我們看看，世界上的人，懂得雪中送炭的，沒有幾個；而專門錦上添花的人，比比皆是。

所以壯士豪傑，有志之士都要「替天行道」，要「劫富濟貧」、「除暴安良」、「抑強扶弱」。人老了就要退休，事情完成了就要讓賢，這就是自然的規律，是道的哲理。

「道」的運行，是循環不息的。終就是開始，黑夜之後必有黎明。宇宙萬物，自然反復不休不止，這是法則，是規律，是天理，是物理，是道理。

什麼是德？

老子在下篇〈德經〉裡，對德的論述淋漓盡致。他的德和「君子進德修業」、「施德於民」有所不同。

德不只是作為「恩德、品德、德行、政德」等的倫理、政治思想的詮釋而已，而是和道相呼應。道既是萬物之本，是萬物運作變化的規律，那麼德便是對道的認識和修養，文字學上，德與得相通。德，就是有得者，有得於道的意思。

萬物皆從道生，隨之有了德。所以萬物無一不尊道貴德。老子的「德」分為上德下德，天之德，地之德，人之德。

他說：「上德不德，是以有德，下德不失德，是以無德。」

上德可以說是天地的「大德」，是自然的德，不自以為德的德。佛家稱呼得道有成，有菩薩心腸、慈悲為懷的人為「大德」。因為道生育萬物，但不把萬物據為己有，施恩澤於萬物，也不求報答，長成萬物也不加以宰制傷害，這叫做「玄德」。

下德是指人間、帝王之德，社會之德。統治者居高臨下，唯恐失德，所以透過施德於民，使人民歌功頌德，是有目的、有代價、有收穫的，這便是無德，所以是下德。

天地萬物間，各有各的德性，天不同於地，地不同於物，物不同於人，物與物之間，人與人之間各有不同。道的德性就是無為的，順其自然的。

道與德的價值，就是在於自然，以道為本，以德為用，違反了自然，就是違反了道，失去了道，當然就是失去了德，就是缺德，人心不得安寧，天下即將大亂。

老子的「相對論」

老子思想中的「相對論」，很有啟發性。老子說，天下的人，都知道美之所以為美，那麼醜的觀念就跟著產生了。天下的人都知道善之所以為善，那麼惡的觀念也因而產生。

因此沒有「有」，就沒有「無」，有和無是相對而生的；沒有「難」就沒有「易」，難和易是相對而成的；沒有「長」就沒有「短」。長和短是相對而顯的；沒有「高」就沒有「低」，高和低是相對而傾倚的；沒有「音」就沒有「聲」，音和聲是相對而產生和諧的；沒有「前」就沒有「後」，前和後是相對而形成順序的。

這些相對的觀念，都是因為相對待關係而產生的，既然產生了，人們便趨向自己認為是好的，有利的；而逃避自己認為是壞的，有害的。於是世間人人為了自己，為了追求私慾，而不得安寧。人類如果懂得一切順其自然，沒有自私的愛，沒有個人的憎恨，就不會有不必要的紛爭。

人一旦懂得分辨美和醜，善和惡，競爭就開始，奸詐虛偽也跟著來了。美醜善惡都是人為相對設立的，根本沒有絕對的標準。因為建立了一個善的典型，這個善便會被人利用，成為作惡多端的擋箭牌了。建立了一個美的標準，那個美便會形成「東施效顰」的陋習。

世間事，都是相對的，因為相對的觀念，彼此才有分別。然而世俗的人，多數執著於相對的名，使自己陷入於紛擾的境地。大家總是喜歡看到別人的「非」，而自己的一切便認為「是」。一味去注意對方的「不是」，而忽略了自己的「缺點」。又喜歡和別人作比較，「人比人，氣死人」。一比較就發覺不公平，心裡就不甘願，不舒服，然後想盡辦法破壞，製造是非。語言是本無機心的，一旦有了機心，便產生了是非之心，這樣講的話就很主觀，很容易造成口業。這就是為什麼聖人要處無為之事，行不言之教。

聖賢是什麼？

怎麼樣的人才是聖人？聖和賢兩個字，可以分開來說。對於事情無所不通的叫做聖，道德修行都超乎常人的，品格能力也比一般人高的，這才是聖人，所以聖人施給人的是「德」。至於「賢」，是多才而又有善行的人，所以賢者施人以才。要能不貴己賤人，看破生死，看破得失，看透是非成敗，忘掉勝負，忘掉名利，無欲無私，這才是聖人，才能遨遊於無窮的空間和境界。

但是老子對聖賢的看法是相反的。他認為如果不崇拜和尊重「賢」的名譽，就可以使人民不起爭奪之心。

就好像不珍惜難得的財物，就可以使人民的心思不被迷惑擾亂。所以聖人從事政治，目地是淨化人心，滿足人民的口腹，使他們不會自作聰明，不會自作主張，沒有貪求。如果人民都是天真無欲，那麼即使有一些詭計多端、奸詐多智的人，也不能有什麼作為了。

崇尚賢者，就造成了人人愛好名利。人一愛好名利，鬥爭就開始。因為選擇賢能的風氣一盛行，大家為了爭取功名，好名好利，見利忘義，就會離開「自然」越來越遠，人心就不安樂。尤其是「上有所好，下必甚焉」，上位的人越是重視錢財，搜括聚斂，人民當然越是相互追逐奪取，貪汙事件就接著發生了。

到底賢能的標準是什麼呢？其實這也很難說。國家推崇賢者，就會導致許多偽裝的言行，許多壞人為了達到目的，不擇手段地去爭取。賢者本來是才、德、學三者兼備的君子，然而要辨認小人並不太難，要辨認偽君子，那就太不容易了。儒家特別標榜「君子」，但往往出現的都是偽君子。

孟子說：「賢者在位，能者在職。」能者為「賢者」打天下，得到了天下，在位者就為所欲為，自誇其能，到底是誰打拚出來的天下？誰是賢，誰是能？到底是在天下太平後，才去治理國家呢？還是天下大亂的時候，才去治理呢？這好比是醫生和病人的關係。生了病就去求醫，頭禿了去買假髮。父親病了孝子拿藥替他醫治。父母死了，敲鑼打鼓，鋪張造作。誰是真？誰是假？

世界上有許多大道理，都像是一個治標不治本的外科醫生，腫瘤割除了，其他的地方再長出一顆。「未雨綢繆」這句成語，許多人會講，卻做不到。歷史上許多執政者，總是先使人民迷失了本性，然後用假仁假義來安撫人心。

小仁與大仁

天地之間，就像一個打鐵時吹風煽火的風箱，沒有人拉它，便虛靜無為，但是它起風的本性卻是不變的。如果一旦鼓動起來，風就生生不息了。靜和動就是這個原理。

我們常以為自己很聰明，妄作主張，言論愈多，反而招致失敗死亡，所以還是抱守清虛無為的好。

「仁」是儒家思想的中心，是修養的最高境界。可是老子卻說「失去了道才有德，失去了德才有仁」。老子主張聽其自然，無為無言，像天地一樣不偏不私。所謂天地不仁，就是大公無私。有些事情看起來不仁，其實是大仁。人類的真愛並不是一味地講「仁」，大道是無法敘述的，大辯是沒有言論的，大仁的愛是沒有私心的。父母對孩子不溺愛，表面上看起來好像不愛孩子，其實是非常的愛。因為這樣，孩子才不會被寵壞，才能自由發展，充分發揮其本能。

說到「仁」，它像一面鏡子。我們打個比方，一個天生美麗的人，如果只給她一面鏡子，而不告訴她鏡子的作用，那麼她還是不知道自己的美麗，這個樣子很自然，對誰也沒有損害。但假如你給她一面鏡子，然後拚命稱讚她的美，她就會驕傲，接著會設法找一個不美的人來比較。那個不美的人，被她一比較，一定不高興，怨恨心就產生了。又如果有一天這個美人發現竟然還有人比她美，心裡就不免妒嫉，這時不平等、分別心、執著心、妄想也隨著出現。總之，美也煩惱，不美也煩惱。

天地之所以永恆，是因為無私。聖人明白了這個道理，所以常把自己的事情放在腦後，處處謙讓，結果反而得到人們的愛戴，他的收穫已經遠遠超過了自己的本意。就是因為不自私，而結果反而成就了自己。一個人如果不計較自己的利害得失，就是忘我。若能忘我而為人人，人人亦必能忘其身而為我。捨己為人，結果反而身受其益。我們看到一般人膜拜神明，都是為了祈求自己和家人平安，要神明保佑自己賺大錢、孩子成績好、事業順利。怎麼可能？

如果能祈求別人平安，那麼他所得到的支持和庇護，將是最多而不自覺的。有一個哲理說：逆風拂塵，塵反飛向其身。仰天吐痰，痰反而會掉在自己的臉上。

我們看地球一年四季不同，卻是不偏不私，所以才能完成一週年。一個國家的文武百官，各有不同的才能，國君不偏愛一人，國家才能太平。道就像大海一樣，百川都能容納，施恩萬物，不求回報，這叫做「仁」。視萬物為同體，這叫做「大」。

治理國家，應該把公正放在第一位。公正，天下就太平。陰陽兩種東西的融合，不只是滋長一個物種。甘露時雨，也不只偏愛一物。地球是億萬民眾的主人，不能偏護一個人。古時有一個荊國人弄丟了一把弓，卻不願意去找回來。他說：「荊人丟了它，還是荊人得到它，又何必去尋找呢？」

孔子聽到了這個消息後說：「去掉『荊』這個字就更好了。」

老子說：「再去掉『人』字最好。」可見老子最公正無私的了。

孫中山強調「天下為公」的美德，這就是大德。

水的哲學

上善和上德的人，就像水一樣。水能滋養萬物，不和萬物相爭，好壞高低大小，都無所謂；而且蓄居在大家所厭惡的卑下地位。水就像上善的人和下卑的人相處在一起，心境還是非常平靜，也很深沉。因為上善的人施恩不求回報。這種人交朋友真誠可愛；說起話來信實可靠；從政也能使國泰民安；做事有很好的效果。他的舉動必能掌握好時機，因為他不會與人相爭，所以沒有怨恨，沒有過錯和失策。

水的本性柔弱，順應自然而不爭。它施與萬物，所照萬物，各如其形。一般卑下的地方，雖然使人厭惡，但有時這種地方卻是最好的地方。因為「高處不勝寒」。江海居在下位，所以能夠容納百川，成為「百谷之王」。處在高位的人，也要低位的人來扶持，才能穩固。水能施恩而無私心，所以是「善仁」。

水是靜的，混雜了就不會清澈，擾動了就不會平靜，閉塞了就不會流動。水有清除汙垢的功能，水能方能圓，能動能靜，可曲可直，變化無窮，順應時勢，聽其自然，無爭無怨，無孔不入，水滴石穿。

總而言之，水有七種美德：

居位以卑下為善（往下流），

存心以深沉為善（豐富的學問和修養），

交友以利人為善（潤澤別人），

說話以守信為善（覆水難收），

為政以致治為善（下而接觸百姓），

處事以能幹為善（無所不能），

行動以適時為善（隨時隨地，無孔不入）。

竹密何妨水過，山高不礙雲飛。

不自滿的道理

盈就是滿，過於持滿的人必定倒下。過分自滿，倒不如適可而止。因為水滿了，就會溢出，人自誇自滿，一定跌倒。如果一個人鋒芒太露，他的銳勢必定不能長久。一個擁有金玉滿堂的人，雖然很富有，卻不能永遠保守住他的財富。至於那些富貴而又驕傲的人，更加容易自取禍患，嘗到失敗的滋味。

把劍捶擊得太過尖利，必將折斷。人成功了，有了名蹟，還不知退身避位，終將為人所害。古代許多在朝廷當官的人，就是這樣，當官幾十年，老了不肯退休讓位，最後被奸臣所殺。比如說太陽到了天空中間，接下來一定偏移；月亮圓滿了，一定虧缺。物盛則衰，樂極生悲。人太狂傲，目空一切，目中無人，當然要失敗。所以西方有一句話：「上帝要人死亡，必先使他瘋狂。」「自滿」是非常危險的。

老子以器比人，盈滿則傾倒，所以做人處世要留有餘地，做得過分，就會有反面的效果。

抱一守道

「一」這個數字，最小也最大。一就是道，抱一就是守道。守真，保全本性，致虛清靜，自然無為。

有一個人帶著乾糧走了七天七夜的路來找老子。老子看到他精神恍惚，氣喘如牛，就問他：「你是從楚國來的嗎？」那人回答：「是的。」老子說：「你為什麼和這麼多人一起來？」那人嚇了一跳，回頭看一看，說：「沒有啊！就我一個。」

老子笑說：「你不知道我所說的意思。有事情要問我嗎？」那人很不好意思地說：「是的，有一件事使我很煩惱。如果我不求知識，人家說我愚蠢，如果我得到了知識，反而使自己因為懂得更多而傷腦筋。如果我不學仁義，可能會做錯事，傷害了人，行了仁義，又擔心違背了大道，違背了自己的本性。我真是不知怎麼辦才好，怎麼樣才能遠離這些困擾？」

老子說：「剛才我看到你的神態，就明白了一大半，現在聽你這麼一說，知道我的想法沒有錯。你好像是一個失去父母的孤兒，又像是一個拿著小竹竿去探測大海的人。你已經失去了自我。你想恢復自己的本性，就先把煩惱拋開吧！」

那人回到家中，真的設法拋棄煩擾他的俗事，專心致力於道德這方面的修養。可是十天之後，他又跑來見老子。他說：「有人生病，我去看他，病人把病情告訴了我，我並沒有因為聽了他的病情而得病。但是我聽了您的大道理後，倒像是吃了藥反而加重了病情，心裡覺得更煩。這是怎麼一回事？」

老子說：「你已經設法洗淨了心，但還是很煩惱。千萬要記得，當你的耳目受到聲色的引誘時，不可用心智去平息它，當你的心智被物欲所困擾時，不可盡力去斷絕心神的活動。要保全本性的常道，先得問自己，能不能不離開本性？能不能使本性悠然自得？能不能安守本分？能不追求外物嗎？能不仿效別人而只求於自己嗎？能無拘無束嗎？能隨順物性嗎？能有赤子之心嗎？

你看赤子（嬰孩），整天號哭，聲音卻不嘶啞，這是心氣和順的關係。整天緊握著拳頭卻不拿東西，這是德性自然的結果。整天看著人，頭動而眼珠不亂動，這是視物不偏向的原因。走路沒有固定的目的，停下來也不知道要做什麼？只是隨順外物，與之同浮同沉罷了。這就是保全本性的常道。」

為什麼老子推崇嬰兒呢？因為嬰兒內無思慮，外無政事，所以精神飽滿不衰。可是一旦上學念書，就開始煩惱多，怕輸……一踏入社會後，又有太多的煩惱等著他，所以蘇東坡說：「人生識字憂患始」，上了學校以後，憂患就不停地跟隨著我們，直到老死不休。

人懂得越多，知識越豐富，倒不一定越快樂。學問越好，倒不一定越有遠見，對事情也未必能看得敏銳準確。這裡說一說我個人的故事。

二十多年前，我看上了一棟工業大廈，業主開價一百二十五萬元。於是我約了估價師和銀行界的朋友，請他們吃飯，並請教是否可以買下這棟大廈。大家都是知識分子、專業人士，對這棟工業大廈做了詳盡的調查和分析，包括買下來以後，五年內產業市場的走勢、貸款方式、利息、產業稅、保養費、出租回收率等等，估價師和銀行家都一致認為，一百一十萬元才可以買下來，超過這個數目是很不划算的，也是不明智的。於是我向業主出價，一連幾天都沒有結果。

有一天早上，一個沒什麼念書的商界朋友，來問我一百萬是幾個零？為什麼新加坡人習慣在每三個零作個逗號？我告訴他那是英國制度，以千為單位，新加坡曾經是英國殖民地，所以習慣這種制度，十萬我們叫做一百千。同一天下午，我又約了估價師和銀行家喝茶，大家堅持最多再加五萬元，多了免談，免浪費時間。隔天我打電話給業主，業主說大廈已經賣出去了，一百二十五萬元，一分也不少。

半年後，那位不知道一百萬是幾個零的朋友到訪，給我一張名片，名片上赫然寫著他是那棟大廈的主人。原來他到處籌錢，再向銀行貸款，不管三七二十一，買下了。五年後，這座大廈升值到六百五十萬元。

讀書讀得多，懂得多，顧忌也多。在股市裡，往往懂得理論，分析圖表的人輸得更多。知識分子和讀書人，殺人犯法的事是絕對不大敢去做的，但是精打細算，常常要錯失良機。

千算萬算，人算不如天算。

有和無的妙用

一個車輪，要用三十根直木支撐，才能成為一個圓木圈。三十根直木都叫做輻，圓木叫做轂。有了車輪中空的地方，車子才能有載物的作用。用泥土揉合做成的陶器，因為有了陶器中空的地方，才能有盛物的作用。開鑿門窗建造房屋，因為門窗四壁有了中空的地方，房屋才能有居住的作用。

中空就是「無」。「有」給了人便利，「無」卻發揮了它的作用。真正有用的地方，還是在虛空的「無」。「有」之以為「利」，「無」之以為「用」。

「輻」就是腳踏車輪的三十根鋼絲，又像一個月有三十天一樣。古代的車輻都是三十根。老子強調「無」的重要，就好像天地間如果沒有空間，又怎能生長「萬物」？一般人只知道「有」，卻不知道「無」的作用。「無」的妙用非常重要，因為有形的萬物都是從無形的道創生出來的。無形無象，它的作用奧妙無窮。「有」的實用，無論怎麼用，都是有限制的。

在中國畫裡，「有」是實，「無」是「虛」。「虛」就是空白，透過虛實、有無、空白的布置經營，造成了意境。實的地方美，虛的地方更美。在空白的畫面上畫一隻小鳥，那就是天空。在空白的畫面上畫一艘小船，那就是水面。

人的心境如果不能虛靜，七情六欲自會互相爭奪。房屋如果沒有適當的空間，婆媳之間難免有所爭吵。心胸狹窄，心神就不會通順。海闊天空，才會風平浪靜。靜就是「無」，無就是「空」，真空妙有。

有一天，惠施對莊子說：「你說的話沒有用。」莊子說：「你知道沒有用，所以現在跟你談『有用』和『無用』。」

惠施說：「怎麼講？」莊子說：「比如這一塊大地，你所用的只是腳下立足的那一小塊而已。但是如果把你立足以外的地，通通挖掉，一直挖到黃泉，那麼你所立足的這一塊小地，還會有用嗎？」

惠施說：「沒有用了。」莊子說：「那麼沒有用的用處，也就顯出來了。」

不要過度追求享受

過分追求色彩的享受，最後必定弄得視覺遲鈍，視線模糊。
過分追求聲音的享受，最後必定弄得聽覺不靈，耳朵不聰。
過分追求味道的享受，最後必定導致味覺喪失，食而不知其味。
過分縱情於遊玩放蕩，最後必定心神不得安寧。
過分追求金銀財寶，最後必定道德傷壞，身敗名裂。
老子說：「五色令人目盲，五音令人耳聾，五味令人口爽。」五色是紅、黃、藍、白、黑，當然不止這幾個顏色，還包括其他干擾心神的美色慾。
五音是宮、商、角、徵、羽，當然還包括了許多干擾心靈的外來噪聲語言。

五味是酸、甜、苦、辣、鹹，當然還包括了一切口腹的貪求和享受。老子又說聖人「為腹不為目」，腹是內在的自我，沒有意識及本能，只要滿足身體的需要就好。目則包括耳、口、心、行四種意識，是外在的欲望，是多餘的，是令人妄想不安的。

外在和多餘的欲望，使人煩惱。所謂：「鷦鷯巢林，不過一枝；偃鼠飲河，不過滿腹。」

物質文明的高度發達，其實並不是一件大喜事。因為人類不斷地求進步，征服大自然的手段和力量越來越大，對環境的破壞越來越嚴重，社會物質財富，對人的引誘力和支配力，也越來越大。追求物質財富和生活的享受，成了現代人的主要人生目標。因此，自然的資源被濫用，自然的環境被破壞，精神生活衰落，社會道德敗壞，盜竊的事件日增，犯罪手法逐漸提高，凶殺打鬥日甚一日。

人的欲望，無窮無盡。如果貪得無厭，永無滿足的時候，不但失去了樸真，最後可能還要以身相殉。所以耶穌說：「人若賺得全世界，賠上了自己的生命，有什麼益處呢？」

得失名利心

人的一生，總是在得失之間徘徊，為了得和失而煩惱。

得到了就高興，失去了就傷心。得到了再失去更傷心。得不到還可以認命，但是得到了又希望得到更多。一旦失去所得到的，實在難以忍受其中的痛苦。愛情也是如此，愛人者不被愛，也不過是失望、心酸、失落、吃不下、睡不著而已。然而，得知熱戀中的愛人變了心，就會轉愛為恨，正所謂「愛之深，恨之切」，自殺也是常有的事了。

比如買彩券，不中獎也只是失望。如果中了大獎，一下子變成了富翁，亂花錢或者做生意被人騙了，最後一無所有，可能就看不開，自殺了。買股票也是一樣，買了就暴跌，真使人傷心。等了幾年股價老是上不來，後來終於漲了，又怕再跌回去，於是還沒有漲到本錢的價位就「毅然」地賣了，結果隔幾天連漲幾倍，那時只好痛恨自己，痛恨一切。

世人太重視得失和名利心，得寵愛辱都會身驚。因為不能把生死置之度外，所以畏懼大的禍患。人的心目中，總是寵上辱下，寵尊辱卑。得到光榮就覺得很尊貴，受到恥辱就覺得很丟人，所以得也是驚，失也是驚。為什麼會這樣呢？因為對「我」這個字看得太認真了。做什麼事都忘不了「我」。

有一天孟子遊歷到了梁國，梁惠王親自接見他，向他請教：「先生，您不辭千里來到這裡，想必有什麼好辦法使我梁國有利吧！」

孟子說：「大王何必一見面就說到『利』這個字呢！假如國君說，怎麼才能使國有利？大夫說，怎麼才能使我家有利？讀書人和百姓也都說，怎麼樣才能使我身有利？那麼這樣上下互相爭利，這個國家，就有危險了。」

人類的欲望，是永無休止的。上至君王，下至販夫走卒，勞心勞力，為的是什麼？求名求利而已。有一天八仙過海雲遊到一地，當時鐵柺李在空中看到市裡萬頭鑽動，來來往往，忙得不可開交，於是搖頭嘆道：「這下面只有兩種人！」呂洞賓馬上接著說：「唉！一種人為名，一種人為利。」

世界上的人，幾乎沒有一個能逃得過名利的引誘。商人求利，文人求名，更有人要名也要利。若能像聖人一樣的「無我」，破一切相，才能寵辱不驚。人人都是為了「我」，為了「自己」。不信您看看，哪一個看團體照片的人，不是先找照片中的自己？

雖然我們常說：「身外之物，何足掛齒」。但是，當自己來到了利害關頭的時候，總是放不下，總是牽腸掛肚。除非在「我」生命危險的一剎那，才捨得放棄身外之物，去買命。人最愛的是誰？是他自己，也就是他的「我」。所謂「我愛你」，那全是因為「我」愛你，才愛你。

當「我」愛的「你」，變了心，移情別戀了，「我」愛你變成我恨你入骨。這種自私的愛，那裡是什麼真愛？當醫生說你身上的某一個器官出了大問題，必須把它割除才能活命，人多會同意把和自己生命同甘共苦，患難與共的肢體或器官割除，以圖自我生命的延續。所以到了重要利害關係時，還是以「我」為最重要。

愛的真諦是什麼？哲學是什麼？內涵是什麼？愛，絕不是占有。能犧牲，能成全，能奉獻，而不占有，這才是真愛。

無形的力量

新加坡的楊氏公會禮堂，命名為「四知堂」。許多人不知道「四知堂」的「四知」是什麼意思？

東漢的楊震在荊州當刺史，有一天，經過昌邑縣，昌邑縣的縣令王密，曾經得到楊震的提拔和推薦，才做了官。晚上，王密懷裡抱著一些金子去送給楊震，楊震不肯接受，說道：「大家是老朋友了，你怎麼還不了解我呢？」

王密說：「晚上沒有人看見，沒人知道。」

楊震正色地說：「天知地知，你知我知，怎麼說沒有人知道呢？」王密聽了，十分慚愧。天知地知，你知我知，這就是歷史上有名的「四知」。我們常說「舉頭三尺有神明」，看不見、聽不到、摸不到的「無形」，是幽微深遠，是玄妙的，它使人懷著敬畏、莫測、虔誠的態度。無形是最有力的。

莊子有一則寓言如下：

單足獸羨慕多腳的蟲；多腳蟲羨慕沒有腳的蛇；沒有腳的蛇又羨慕無影的風；風羨慕人的眼睛；眼睛又羨慕心。

單足獸對多腳蟲（百足類）說：「我用一隻腳跳著走，說多方便就有多方便。現在你卻有一百隻腳可以使用，真不知道你是怎麼安排它們的，難道你不嫌麻煩和累贅嗎？」

多腳蟲說：「你這樣說就不對了。你沒有看過人類吐唾沫嗎？吐出來的唾沫，大點的像珠子，小點的像細霧，摻雜而出，簡直是數也數不清，這都是出於天然的緣故。現在我順著天機而動，自己也不曉得是什麼原因。」

後來多腳蟲去請教蛇。多腳蟲說：「我用這麼多隻腳走路，還不如你沒有腳走得快，這是怎麼一回事？」蛇也是感覺到很疑惑，於是蛇就去問風：「風啊！我用脊背和兩脅走路，看起來還像有腳的樣子，而你颳起風來，從北吹到南，完全沒有形體，這是什麼緣故？」

風回答說：「沒錯，我颳起風來，可以從北海吹到南海，但是卻比不過人，人若用指頭指我，我吹不斷他的手指；人若用腳踢我，我也吹不斷他的腳。我所能做的只不過是把大樹吹折，把房屋吹毀而已。所以說，我是用小的失敗來成就大的勝利。」

其實風最羨慕的是人的眼睛，因為眼睛的視力跑得比風還快，一眼望去，可以看到很遠的地方。而眼睛卻怎麼也比不上人的心，心在一剎那之間就可以越過時間，穿過空間，速度比光更快。

心本身就是無形的。人的六根是眼、耳、鼻、舌、身、意，分別是負責視覺、聽覺、嗅覺、味覺、觸覺和意念的六種感官，其中以心的意念最不可測。

說到眼睛和心，我們常說：「眼睛是心靈之窗」，也很有道理。人的精神可以用眼睛來傳達。不同的心理，就有不同的神態。

心裡高興，眼睛笑瞇瞇的；心裡不快樂，眼光就充滿了愁意。正直的人，目不斜視；奸惡的人，目光不定。神靜則心和，心和則形全。恬靜養神自安於內，清靜虛心則不誘於外，神靜心清則形無所累。

靜者心妙

人的情緒又和壽命有密切的關係。一個人有希望，有寬恕心，有知足、快樂、恬靜的情緒，則有利於長壽。凡是憤怒、焦急、不滿、貪心、沮喪、抑鬱、妒嫉、懷恨、狂傲、狠毒等心情，都有損於壽命。所以閉目養神，修身養心，經常保持平靜的心境，這樣肯定可以益壽延年。

人的心本來是虛靜的，但往往被私慾所矇蔽，因而視不得其正，行事不得其常。「靜」能使一切回返原始的形體，動只是暫時的表現而已。動靜循環，是人生妙理。

靜默可以補養神氣，閉上眼睛可以消除疲勞，心情平靜可以治療緊張。安靜就是休息的方法，靜坐、氣功都是養身、養心、養情的方法之一。

有道之人

古時候得道的人，叫做「真人」。有道的人也叫做「士」。真人圓滿和諧，胸中的智慧，微妙通達。立身行事謹慎，就好像冬天涉足在河川之上。為人處世，莊重拘謹，就好像作客人一樣。修道進德，融和可親，好似春風中將要溶化的冰。本性醇厚樸質，好似未經雕琢的素材。心胸開闊，態度謙下，好像幽深的山谷，所謂「虛懷若谷」。外表朦朧純和，好似渾濁的大水。

但是，又有誰能夠在這個濁世中，慢慢的修行養性呢？一杯很渾濁的水，放著不動，長久平靜下來，汙渣自然沉澱，上面的水變得清潔了。但是靜下來以後，還得清，清了以後還得安，安了以後還要能徐徐的動。這就是所謂的「知止而後有定，定而後能靜，靜而後能慮，慮而後能得。」

我們一輩子都在動，心念動，欲望生生不息，忙了一輩子，也不知道為什麼？等到年紀大了，一身是病，想靜下來已經沒有什麼時間了。

仁義的真假

治理國家的國君，可以分成四等。最上等的國君治理天下，居無為之事，行不言之教，使人民各順其性，各安其生。第二等國君，以德教化人民，以仁義統治人民，施恩於民，所以人民也都很親近他，讚賞他。第三等國君以政教治民，以刑罰威脅人民，所以人民很害怕畏懼他。第四等國君，是最差的一等，以權術愚弄人民，以詭詐欺騙人民，所以人民都不服從他，都反抗輕侮他。像這樣誠信不足的國君，人民當然要造反了。

凡是藉助於嚴刑峻法的社會，法令越是嚴厲，人民就越不聽話。刑罰越重，人民越是反抗，或是表面上聽話，暗中做傷天害理的事。人總是喜歡得到獎賞，然而獎賞往往可以使人失去本性，使人貪心多欲。本性失去了，人就由真善而進入偽善，偽善的人就喜歡以所謂的「仁義」去求利。這個社會，用仁義作為偽善的工具的人很多。所以老子說「大道被廢棄了，才有仁義的出現。」

為什麼大道廢了之後，才有仁義？因為大道是無為的，仁義是有為的。大道是自然的，而仁義是造作的。不能自然無為，一定是造作有為。智慧智巧，自古以來都是禮樂、權衡、斗斛、法令的手段。讓我們再詳細地講一講這個道理。

大道普行的時候，家家有孝子，戶戶有忠信，根本用不上仁義兩個字。直等到大道廢了，敗壞了，民風不純了，仁義才隨著產生。上古的時候，人民都誠實純樸，不識不知，根本不懂得虛偽。到了中古的時候，民情日煩，民事日繁，於是治理天下的人，就用智慧創造了法令制度，人民在法令制度下，只好尋找新「智慧」，偽詐跟著產生。

家庭中的人，本來是推心置腹的，和睦共處，也不用什麼「慈」和「孝」。等到六親(父子、兄弟、夫婦)失和了，慈孝才因而產生。國家也一樣，太平時，臣子各守本分，各盡其職，沒有所謂的忠臣奸臣，等到國家昏亂後，臣子們不能負責盡職，忠臣才會出現。

宋國有一個人，死了雙親，由於哀傷過度而面容憔悴，骨瘦如柴。宋國君王為了表揚他的孝心，乃封他為官。當地人聽到了這個消息，為了得到一官半職，凡是父母死了，都拚命地傷害自己的形體，不吃不喝不睡，這就是假的「孝慈」。

楚國有一個正直立身的人，知道他的父親偷了一隻羊，就向地方官告發這件事。官府逮捕了父親，要把他處死。這個正直的人請求代替父親受死，等到要處死的時候，他對官吏說：「我父親偷羊，我就揭發他，算是很誠實吧！父親被處死，我又代他受罪，不是很孝順嗎？一個忠實孝順的人，卻要殺他，那麼全國上下，不知有多少人都是該殺的！楚王聽了這個消息很感動，就下令不殺他了。

父子兩人借誠實、孝順的名聲，自圓其說，這能算是一種美德嗎？在所謂「仁義」的社會裡，真和假是很難辨認清楚的。

親眼看到的，未必可信

仁義、智慧、慈愛、忠孝，在一般人看來，都是非常好的名稱和行為。然而有時親眼看到的真，卻是假的，心裡認為是假的，卻是真的。

一個能夠嚴格要求自己的人，在他的眼中，任何一件不被人們看重的小事，也應該提高警戒。親眼看到的，親耳聽到的，心裡所想的，未必就是正確的事實。讓我們舉兩個例子說一說：

有一個駝背的人，走起路來身體彎曲，雙手幾乎可以摸到自己的鞋子。他住在一名檢察官的隔壁。

有一天，檢察官回到家，看到一群喜鵲在屋邊吱吱喳喳亂叫，便問這是怎麼一回事？旁人說，是駝背人從樹上喜鵲巢裡，抓了一隻小喜鵲，因此，這些老喜鵲就叫了起來了。檢察官責備駝子：「你的背駝得這麼嚴重，為什麼還要捉弄喜鵲？趕快把牠放回樹上吧！」

駝子一手輕抓著小喜鵲，爬上樹，爬起來很輕快，很容易。檢察官一下子嚇呆了，感嘆說「有些事情從理論上看起來不可能，實際上卻是可能的；有時以為很有把握的事，反而不能成功。我身為檢察官，如果有人告訴我，一個駝得走路時連手都可以摸到自己的鞋子的人，爬樹像飛一樣快速，我是絕對不會相信的。現在親眼看到了，才想起在我處理的幾百個案件中，一定誤判了不少冤情！」當年孔子被困在陳國和蔡國之間，每天只能吃些野菜，一連七天粒米未進。學生顏回到處討米，只得到了一點點，拿回來下鍋煮飯。飯快熟了，孔子剛好經過，看到顏回正從鍋裡抓起一把吃了。孔子心裡很不高興，因為顏回不先把飯孝敬老師，竟然先用手抓起來吃，真是豈有此理！

孔子假裝不知道。過了一下子顏回把飯獻上來，孔子說：「今天我夢見祖先，這飯要乾淨才好拿來祭祀。」顏回說：「對不起老師，不能用來祭祀了，剛才有煙灰掉進鍋裡，我捨不得讓老師吃不乾淨的飯，而且扔掉沾著煙灰的飯是不吉祥的，所以我就抓起來吃了。」孔子恍然大悟，嘆息道：「原來自己所相信的是眼睛，但眼睛所看到的卻不可以相信。我們所依靠的是心，可是心裡所揣度的，還是不足為憑。要了解一個人或一件事，實在不容易啊！」

既然親眼看到的，心裡所想的，未必是真實，那麼仁和義，智和巧的外表看起來很純真，而內在是不是仍能保持質樸，就很難說了。

盜亦有道

我們常說：「道高一尺、魔高一丈。」聰明而有巧智的人，往往替大盜做好準備，鋪好路。比如為了防備小偷開箱偷財，特地把箱櫃用繩子捆好或鎖好。可是大盜來了，背著整個箱櫃就走了。

我們又說：「盜亦有道。」這個「道」有兩種意思，一是盜賊亦講信用，講道義。一是盜違反了天理，違反了自然。比方說一個人起了壞的念頭，要搶劫人家的財物，先到要下手的地方探視一番，推測虛實，如果算得準，就叫做「智慧」、「聖德」。做案的時候，先進去開第一槍的就是「勇」，最後出來的叫做「義」，懂得見機行事的是「智」，能夠公平分贓的是「仁」。有了這五種「德性」而成為大盜的，才是真大盜。

真假難分

科學越發達，社會越進步，盜的「德性」就越高，手段就越厲害。世界上的人，用智慧和德性來害人的很多，用來為人民謀福利的很少。只要有好人，就少不了有壞人。好人少，壞人多。人類發明了秤，目的是要公平的秤貨物來做買賣，接著就有人用「秤」欺騙消費者。有了官印來做行政上的信物，接著就有人假造官印圖利。

「仁義」是用來教化人民，糾正人的行為，可是就有人用假仁假義去做虛偽、傷天害理的事。一個去偷或去搶錢財的小偷、盜賊，被抓到了可能要處死。但是發動戰事，把人家的國家攻打下來，盜了別人的國土，殺死了上千上萬的人，卻反而做了大官、大諸侯，還讓人不斷地歌功頌德。如果一方面頻頻推出仁義，另一方面又假借仁義為非作歹，那麼，要仁義有什麼用？

民主是好事，濫用「民主」在國會裡打架，並不是民主美德的過失。藥物明明是用來救人，可是許多人卻濫製假藥害人。

喪失了天良，卻賺了大錢。

聰明人，煩惱多

人生求得知識，固然有益於智慧，但是欲望和機巧也隨著增加了。欲望和機巧，正是一切憂愁煩惱的根源。

太機智、太聰明的人，日子肯定過得不快樂。太考慮世俗人所顧慮的，生活一定沒有多大樂趣。可惜一般人所追求的，都是聰明、機智、計巧，所考慮的、所顧忌的太多了，這樣子，人人欲念多，煩惱多。大家做事精打細算，考慮太周詳，看起來好像都是為別人而活著一樣。

以前有一位官員，常以做官的威勢虐待鄰里。一天一個仇家放火燒了他的房子，鄰居們互相告誡道：「如果我們去救火，火熄滅後我們不但沒有功勞，反而會被他控告說我們偷了他的財物。假如不去救火，裝作不知道，也不會有什麼麻煩，即使被發現見死不救，也不過是被責罵而已。於是大家情願受責罵也不去救火，眼睜睜看著大廈燒成灰。以前在新加坡小巷子裡開車，撞傷了人，司機多數不敢下車救人，或者檢視傷者的傷勢，反而掉頭逃走。因為在小巷子裡撞了人，市民不會先去救人，反而喊打聲四起，把開車的人打個半死（甚至重傷致死）。所以有時候汽車撞倒了小孩，街民喊打，司機一陣驚慌，油門一踩，硬把小孩輾死，逃走了。

有最高境界修養的人，靜居沒有思念，行動沒有憂慮，心中沒有什麼是非善惡的觀念。人家生活快樂，他也高興；人家富裕，他也心安，絕對沒有嫉妒、懷恨、幸災樂禍的心。

委曲求全

世間事，不能只看表面，還要看裡面；不能只看正面，還要看反面。有時候受到委曲的，反而可以保全，彎曲的反而可以伸直；低下的反而可以盈滿得益；破舊的反而可以更新；少取的反而可以多得，貪多的反而自己覺得迷惑。

不自我表現的人，反而能夠嶄露頭角；不自以為是的人，反而能夠得到尊敬；不自我誇耀的人，所以有功勞；不自滿自大，所以能長久。這就是所謂的「委曲求全」的哲理了。

我們做事情能夠忍受而委曲求全，順其自然的反而心安理得。比如說，一陣很強的風吹來，小草只好順風彎曲倒下，結果安然無事。大浪捲來，船隻隨浪浮沉，結果不致翻覆。個人的吃虧和犧牲，反而可以顧全大局。

有一種蟲類，叫做尺蠖，牠的身體必須先彎曲，然後才能伸直，就這樣一曲一直，向前移動。又比如說，我們打拳，必須先把手縮起來，才可以打出去。拳頭打出去，手臂還要立刻收回，這樣用勁用力才可以隨意控制，收放自如。又好比我們跳起來，必須先彎曲雙腿，才能跳得高。

江海處在很卑低的地方，百川匯集。人如果謙虛卑下，必定得到大家的愛戴。高高在上的人，往往不能長久保有優勢地位。枯葉破敗而落盡，綠葉不久就長出來了。殘冬過去了，新春跟著降臨。

西方有一句俗語：「太多等於沒有」。少的人通常容易滿足，多的人時常感到煩惱。

沉默是金

少說話，是合乎自然的。善辯的人並不見得高明，尤其是知道得太多，又善於講話，可以惹來殺身之禍。東漢的楊修，就是因為太聰明，太愛講話，表現聰明，所以被曹操殺了。蘇秦也因為太會說話，又為了個人的功名富貴，朝秦暮楚，遊說諸國，因而喪命。

聰明的人要曉得收斂。古代曾經有人用棉花塞住耳朵，用帽子飾遮眼睛，來掩蓋自己的聰明（耳是聰，眼是明）。聰明不在言表，口若懸河，把時間浪費在無意義的事情上，是最愚蠢的事。有些人喜歡講話，老是要人聽他高談闊論，浪費人家的時間，來達到自遣的目的。「閉目可以養神，合口可以防禍。」人的精神由眼睛傳達，而眼睛就有眼皮，把睛皮闔上，則可以養神修心。禍事往往是由說話造成的，而嘴巴生來就有兩片嘴唇，閉起來就可以避免招禍。以前新加坡的居士林有一位老婦人，在那裡洗碗盤做事，數十年如一日，每天只是微笑可親，從不隨便開口講話。這樣勤修口德，活到八十幾歲，有一天她告訴身邊的人說要走了，大家都以為她準備回鄉探親，過了幾天，老婦人安然而逝，遺體火化之後，發現了許多舍利花。

沉默就是金，這位老婦人修口德，終於得到「五福」中的「善終」。

企者不立，跨者不行

如果踮起腳尖，想要高過別人，那麼一定站不穩，因為只要推他一把，很容易就把他推倒了。如果將兩隻腳張得很開，想要走得更大步，比人快，又怎麼能走得動呢？

做人做事要量力而為，欲速則不達。過分求進，爭勝逞強，違背了自然，反而站不住，走不了。心志馳騖，反而步入歧途。

我們看，暴風颳不了一整天；豪雨也下不了一整天。天地興風急雨，尚且不能維持長久，何況渺小的人？所以，只是過於自我表現的，反而不能顯達；自我矜持以為了不起的，一定不會長久。

真道真理，要是可以稱述的就不是真道理。辯言要是有言論的，就不是大辯論。仁慈要是固守一處的，就不能成其為仁慈。廉潔要是有了形跡的，就不是真廉潔。勇敢要是用來爭鬥的，就不能成其勇。

人如果充滿了嫉妒，有憎恨之情，驕傲自大，那麼當他聽到別人做好事，只會懷疑和嫉妒；當他聽到別人做了壞事，馬上十分相信。反過來說，人如果心中充滿了善念，即使聽到某人做了不好的事，一定想到這或許是傳聞、是誤會，又或許有不得已的苦衷。即使別人真的愚昧做錯了事，也希望他能盡快醒悟，回頭是岸。

一般人總是喜歡賣弄聰明，耍技巧。這樣，大家的本性都遠離了樸實，德性被隱沒了，於是人人彼此窺探，巧詐叢生，接著再用世俗的禮文來修飾，以世俗的學問去求知識，知識和學問終於淹溺了人的心靈。

人在一生之中就是一直不斷地表現自己，累苦自己的形體，擾亂自己的心神，就如虎豹，因為身上美麗的紋彩，以致被打獵的人捕殺。猴子因為身姿活潑，狗也因為會捕捉狐狸，所以才被人拴起來玩賞使役。山木太粗直壯大，就被人用來製成斧頭柄，倒過來砍伐自己。

聰明並不等於智慧

「智慧」這個字眼，不是有多少知識的問題。有知識並不等於有智慧，因為越有知識的人，往往越不容易克制自己的欲望和貪念。

聰明也不等於智慧，許多很聰明的人常常做出愚笨的事，而渾然不自覺。許多看似愚拙的人，卻活得比自認為聰明的人有智慧。巧與拙是相對的，巧的另一面是拙，拙的另一面是巧，而智慧不一定是巧妙的東西，就好像一把刀，刀背很鈍，卻比刀鋒更不容易受損，而且具有刀鋒的潛力。

什麼是聰明呢？自以為聰明的人，往往最笨。真正聰明的人，至少會看到自己愚笨的地方。

古時有一名政府官員一次外出，在路上碰到了有人打群架，多人重傷，他就像沒看見一樣經過。再往前走，他遇到一個人趕牛，牛氣喘吐舌，情況異常。這名官員停下來，派身邊的助手去問趕牛的人「趕牛走了幾里路？」這位助手覺得很奇怪，認為官員的舉動有點反常，人群打架他不管，牛喘氣吐舌他卻管，就問官員是什麼原因？官員說：「百姓毆鬥是地方職權範圍的事，以我的職務，是在一年終了，替他們評定，以便請上級賞罰。我不可能大小事都管。然而今年春天太陽很少，天氣還沒有熱起來，這隻牛走不了多少路，就氣喘如此，看起來氣候很不正常，全國農夫可能要面臨災害了。」

這就是智慧。聰明的人很多，有智慧的人，卻少。動物對大自然的變化和天地間的禍福，往往比人類更有敏銳的感受。最先察覺到天災到來的，就是低等動物。有時候我們家裡養的狗，也能給我們一些啟示。

有一個朋友要買屋子，看上了東區的一間房子，價格合理，就來問我的意見。他說和太太有點小爭執，太太不大喜歡，而他自己卻對這間屋子很滿意。我問他除此之外還有什麼特殊現象嗎？他想了一想，說：「家裡的狗，本來是跑跑跳跳的，去誰的家都一樣。可是到了那間房子，就變得很斯文，一直在主人身邊不願離開。要回家時，車門剛一開啟，小狗『撲』的一下子跳上了車。」

聽了之後，我叫他別買了，因為這屋子的磁場和「氣」，不適合他們一家人。這是很奇妙的事，有時候我們到了新房子，嬰孩無緣無故老是啼哭，不肯下來走動，這也是一種暗示。(有時老人家也有一些感應)如果小孩子和小狗，在房子樓上樓下、廚房到處亂跑，像在自己家裡一樣，那麼這一間屋子，貴一點也沒有關係。

有一個長年在都市工作的人請辭回到家鄉居住，在一位德高望重的學者家隔壁買了一棟住宅，這名學者以學識淵博、為人謙卑和善著稱。有人問這名返鄉者，這棟住宅買多少錢?他說:「一千三百萬。」(這個價格單位是虛設的)

大家都說太貴太離譜了。他說:「我用三百萬買房子，一千萬買來一個好鄰居。」

我們都知道，天時還要地利，地利更要人和。人的智慧，有時難以度量。有智慧的人，往往可以做出一般人想不到，或不願意做的事。有一次，在遠離市區，一條郊外的狹窄山路上，有一輛車裝滿了陶甕，陷入雪中，堵住了路，當時天氣寒冷，冰雪很滑，太陽就快要下山了。只見路上的官車、私人車、做生意的、趕回家的、旅行的、排成一長隊，密密麻麻，擠在陶甕車的後面，絲毫沒有辦法。這時有一個叫劉顏的客人，趕車來到這裡，他一看情形，馬上問這輛陷入雪中車的車主，車上的陶甕值多少錢?車主說:

「八千文。」劉顏即刻開啟袋子，取出八千文，當場給了陶甕車主，解斷繩子，叫大家合力把陶甕全部推下山崖。車上沒有了瓦甕，車子得以前進，擁擠在後面的車馬，也很快地向前走了。

有見識的人，還要有膽識，聰明的人，並不代表他有智慧，有些人我們認為他很笨，其實他有智慧。聰明與否，並不是看學歷的高低。許多真正的哲學家，都出生在偏鄉的地方，有些人雖然一輩子沒有讀過什麼書，卻比一般讀書人有慧根。這就是為什麼教育程度不高的人當雇主，受高深教育和有學歷的人反而做雇員。

以自然為法則

宇宙萬物，都要以自然為法則。自然是沒有意志的，沒有主觀的企圖，沒有任何不良的偏好。

陰陽天理，就是自然，陰陽之氣，互相感應，相消相長。太陽系中的太陽是陽，九顆行星是陰。對太陽來說，地球是陰，但它本身也是陽，因為環繞著他的月亮是陰。從星球、太陽系到銀河，乃至宇宙，萬物都是順其自然，順應自然，聽其自然，負陰抱陽。陰陽和，萬物生。萬物的福禍是相生的，安危是互易的，生聚死散，

息息相關，四時循環，五行運轉，物極必反，終則復始，這都是自然的表現。科學家想克服自然，人類則破壞自然，甚至進行什麼無性複製，這樣嚴重地違反了自然，違反了人道，違反了陰陽天理，終究要得到懲罰。天地宇宙間，以大自然為運作的核心，

很有節奏感地動，因為這種動是極大極大的動，所以我們不能感覺到，感覺不到動，便說是靜止，如地球自轉，又繞太陽執行，好像是靜止似的。靜中有動，是自然法則。修身治事，穩重和清靜是最重要的。穩重是輕浮的根本，清靜是躁動的主帥。穩重可以駕御輕浮，就好比重的可以負起輕的一樣。靜能制動，柔能克剛，這是物理。什麼樣的人，才算是世俗之人？才算是輕浮、躁動的人？有智謀的人，要是沒有碰到思慮的機會，就坐立不安。有能力的人，要是沒有遇到困難的事，就不爽快。喜好辯論的人，要是沒有機會讓他講話辯說，就悶悶不樂。當官的人想要權勢，知識分子渴求榮耀，有巧藝的人想要顯示自己的技藝，勇敢的人渴望獻身患難，拿兵器的人喜歡戰爭，退休的學者愛慕虛名，通曉法律的人喜歡政治，守禮法禮教的人愛修飾儀容。行仁義的人廣談社交，商人沒有盈利就不高興，農夫沒有耕耘收獲，就不知所措，貪心的人容易嫉妒，自誇的人，看不起別人……

這些人最喜歡是非，喜歡變化動亂，因為只有在亂世中，才有被重用的可能，才有大撈一筆的機會。世俗的世界，世俗的人，就是這樣，放縱本性而沉迷外物至如此！

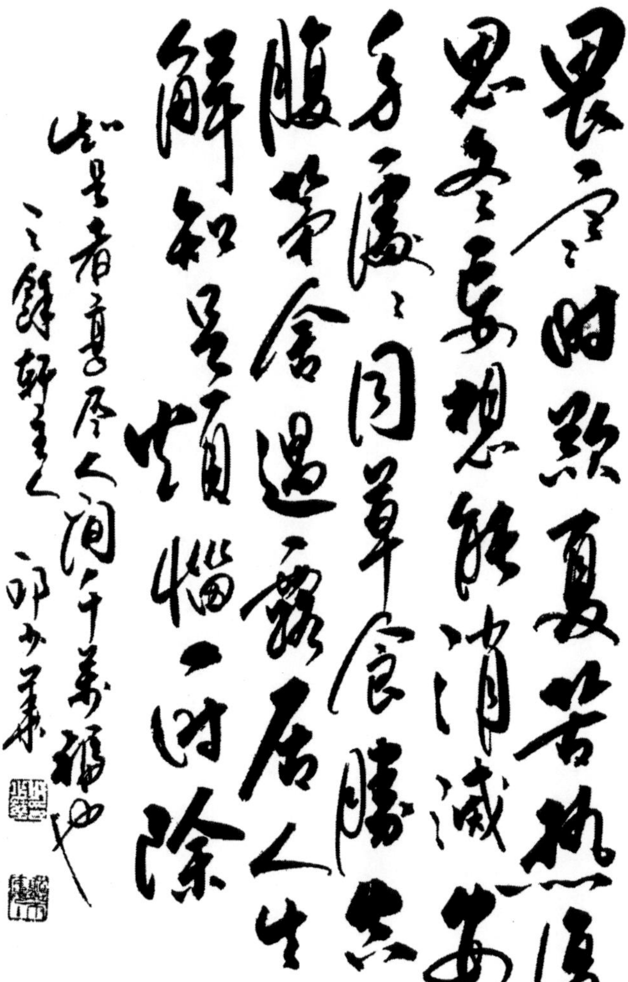

畏寒時欲夏，苦熱復思冬。妄想能消滅，安身處處同。
草食勝空腹，茅屋過露居。人生解知足，煩惱一時除。

一棵樹結出了果子，圖名利的人，只知道爭先食其肉，吐其核，而不知取其核種之，以求更多碩果，供大家品嘗。當我們以扇子驅趕炎熱時，我們多麼地渴望得到清風，當我們從井中汲水時，多麼希望這時天降甘露，下一場大雨。可是清風來了，我們便丟棄了扇子。當甘霖降下了，我們便不再到井裡打水。

人類的所作所為，只不過是彌補大自然所不能直接給予的，當大自然不吝嗇地給了我們，我們還有什麼資格去發牢騷？還有什麼條件感到不滿足？

人總是在輕重之間，做出錯誤的抉擇，要不然就是：身在福中不知福。

要有博愛精神

善於處事的人，都懂得順應自然而行，所以不留一點痕跡。善於說話的人，能夠在適當的時候沉默寡言，所以沒有一點差錯。善於物盡其用的人，他的身邊沒有遺棄的東西。善於策劃的人，待人接物，小心翼翼，所以很少失敗。

善人就是有德之人，他可以做不善人的老師，不善的人則可以做善人的借鏡警惕。這是相反相成的道理。貓的價值本來是捕捉老鼠，醫生的工作本來是救治病人。如果世界上沒有了老鼠，沒有了病人，那麼貓就失去了牠的價值了，醫生也就沒有什麼工作了。我們別忽略了反面和負面的價值，凡是守柔、抱樸而居負面者，反而可以達到正面的捷徑。凡是刻意追求美好、正面的，往往適得其反。

有一天，孟子聽說魯國的國君，打算讓孟子的學生樂正子管理國事，就高興得睡不著覺。公孫丑問孟子：「是不是因為樂正子很堅強？」

孟子說：「不是。」

「是不是他又聰明又有主意？」

「不是。」

「是不是見識很廣？」

「不是。」

「那您為什麼興奮得睡不著覺？」

孟子說：「樂正子最大的優點，就是喜歡聽取善人之言。一個人如果喜歡以善人為師，聽取善言，四面八方的人都會從千里外跑來幫助他。假如他不喜歡聽取善言，那麼那些很會拍馬屁的人就全來了。」

有一次，墨子的弟子問墨子：「先生，現在天下最大的危害是什麼？」

墨子說：「唉！國與國互相攻打，家與家互相吞併，人與人互相殘害，這就是現今天下的大害啊！」

弟子又問：「為什麼會產生這樣的大害呢？」

墨子說：「這是因為人們不相愛的緣故。國君只愛自己的國，不愛別人的國；士大夫只愛自己的家，不愛別人的家；一般人只愛自己，不愛別人。人們不相愛，必然發生戰事。」

弟子說：「我明白您的意思。只要人人都相愛，人人互利，國君、大夫、百姓、父子、兄弟都不分彼此，相親相愛，這樣就可以為大家帶來好處。」

這是墨子的「兼愛」。老子所說的愛是大地萬物的愛。許多宗教家所說的愛，也是天地萬物和眾生的愛。孫中山也提倡「天下為公」、「世界大同」、和「博愛」。

我們常說：「上天有好生之德。」德就是得道，躬行善舉，好生就是「大仁」、「大愛」。我們不要傷害眾生，這就是博愛。當我們慶祝生日的時候，最好不要殺害其他動物的生命。生日也叫做「母難之日」，是母親忍痛辛苦生下我們的日子。我們應該做善事來報答母親懷胎、生育和養育我們的苦難和愛心。以前太極拳的創始人張三豐，每年生日之前，弟子們都得下山去，每人行一件大善事，來報答師父養育教導之恩。

我們之所以慶祝生日，是因為慶幸自己又平安地活了一年，或是父母親又健康地添了一歲。那為什麼要殺害其他生命來換取自己的快樂呢？

有一位朋友的太太得了不治之症，醫生說似乎有了奇蹟，可以再活三、五年，可惜剛說不到幾天，朋友就為太太慶祝六十歲生日，在酒樓設宴數十席請客，大魚大肉，燒豬燒鴨，大開殺戒，賓主盡歡。兩個星期後，他太太再進醫院，經過了一番人間地獄的折磨，終於在兩個月後逝世。

飲酒高歌，放肆殺生，因果循環，樂極生悲。

自然與人為

明明知道雄壯和剛強的好處，卻寧願處在柔弱雌伏的地位，不與人爭雄。明明知道光明的好處，卻寧願處在黑暗的地位，不與人爭光明。明明知道光榮的一面，卻不和人爭榮譽，而自甘居於恥辱之處。這樣就像是天下的溪谷，容納百川，眾流歸溪，德性才算充足。

我們知道「雄」代表尊貴、剛強，「雌」代表柔弱、卑低。「知雄守雌」就是知尊守卑、知剛守柔、知強守弱。宇宙萬物是循環不息的，而在循環的過程中，一切表面上看起來是剛的、強的，最終都要被摧毀；只有柔的，弱的反而能生存下來。所以懂得守雌、守柔、守弱才是求全之道。

守樸自然就是「無為」，無為是天然的，有為是造作的，人為的。人為就是偽。牛和馬生來就有四隻腳，用來跑步，這是自然的。如果用繩子纏繞著馬頭，用環子穿著牛鼻，這叫做人為。所以，只要不用人為去毀滅人性，不因事情故意去摧殘性命，不為聲名去毀壞道德，這樣才有機會返璞歸真。本性的活動是「為」，走錯方向就成了「偽」。

馬的蹄本來可以踐踏霜雪，毛可以抵禦風寒，餓了就吃草，渴了就喝水，高興時就舉足奔跳，牠的本性就是這樣。但是人類剪了牠的毛，削了牠的蹄，燒紅了鐵在牠的身上烙個印，頭勒腳絆地約束牠，用馬槽限制牠，這樣每十匹馬就有兩三匹因此早死。再加上飲食不自然，不充足，要替人工作，讓人騎，奔馳過度，嘴巴被勒，被拉得痛苦萬分，人還用皮鞭打得牠很痛，剛剛吃飽就讓人騎著奔跑，天天受威脅，受虐待，所以大多數早死。

牛吃的是草，擠出來的是奶，終生為人類服務，老了不能耕田，還讓人殺來吃。科學發達了，牛不必耕田，就專門被人飼養來吃，何其殘忍。人類之所以是萬物之靈，不是因為有個聰明的腦袋，而是因為在動物中，人是最殘忍的，最會傷害物性。人類天天都在違反自然，違背天道，殘害生命，殺生取樂，勾心鬥角，你欺我詐，貪而無厭，所以一切的天災人禍，都是自食其果，自取其咎，根本怨不得天，尤不得人！

在德性興盛的時代，人民言行舉止都很端莊穩重，絲毫沒有一點造作。大家安居家中，不嗜外求，與萬物齊生共存，互不相犯，只和自己的鄰居結交往來，禽獸眾多，草木茂盛，大家共聚一堂，沒有什麼君子，也沒有什麼小人。後來，有人用「人為」設立了「仁愛」，教化百姓，又用「人為」創出了義理的法度，這時天下開始大亂了。接著再製造了許許多多煩瑣多餘的禮儀，天下從此分裂。換句話說，道德廢了，敗壞了，才出現人為的仁義教育來補救。就好比完整的樹木凋殘了，古人拿來雕造酒杯；白玉被敲毀了，才用來製造玉器。因為人為的殘酷和罪過，才有仁義的出現。損傷物的本性，去製造器具，道德如果不曾敗壞，要仁義的教化有什麼用？

自古以來，名山勝景的美麗，大多是天然形成的，可惜現在卻被人類的造作所破壞。美和醜是相對的，大自然的青山綠水，已經美到了極點，但是人類喜歡主觀地去自作聰明，去「修飾」它，造作它。

以前有一個人叫陽子，他旅遊到了一個城鎮，住在旅館裡，旅館老闆有二名妻子，一個漂亮，一個醜陋。醜陋的受到眾人的尊敬，而漂亮的卻被大家瞧不起。陽子問這是怎麼一回事？店員說：「那個漂亮的自以為漂亮，喜歡造作賣弄，結果使我們看不到她的漂亮；那個醜陋的自以為醜陋，卻使我們看不到她的醜陋。」

一個人的美就是另一個人的醜，一個人的智慧就是另一個人的愚蠢。人喜歡做作，做作無非是想要改變別人對他的看法，也因此刻意去掩飾和改變自己的本性。扭曲和改變，總是為了別人；或是為了世俗名利，自欺欺人。

表面的功夫，怎麼樣也比不上內心的本質。用功於內者秀，飾美於外者空。

不以武力強取

治理國家，不能固執己見，不能妄作非為。人心各不相同，愛惡各異，執政者必須除去私人的欲望，除去一切極端過分的手段和措施，一舉一動都合乎人之本性，順應自然，依著物勢，這樣國家才不會敗亂。

真正懂得治理國家的人，是不會用兵力來逞強的。用兵力制服人，很容易引起報復，如此冤冤相報何時了？戰爭是最殘酷恐怖的，所到之處，耕稼廢馳，遍地荊棘。尤其大戰過後，屍體腐爛，傳染病到處傳播，又缺乏糧食，終造成荒年。善以用兵的人，只求以兵力來達到救難濟危的目的就算了，絕不敢用武力來強取。目的達到了，也不自高自大，不自誇，不驕傲，因為用兵達到目的，是出自不得已，所以不必逞強好勝自誇。要知道世間萬物，一到了強大壯盛的時候，就開始衰弱老化，凡是逞強爭勝，就像飄風驟雨一樣，很快就會消逝。

這個世界，仇殺是循環不息的，殺人之父，人亦殺其父；殺人之兄，人亦殺其兄。伍子胥為了報父兄之仇，誓言消滅楚國，終於攻破楚都城府，攻破了城，還是難消心頭之恨，還要鞭打仇人的屍體來出氣。秦始皇滅了東周的那一年，劉邦就出世了，結果滅秦而建立了漢朝。梁武帝消滅南齊的那一年，侯景假意歸降梁武帝，後來反叛梁朝。像這樣的例子，多得數也數不清，天理就是這樣的循環不息，報應不爽，而人類除了好戰好勝之外，還不斷地濫殺生靈，破壞環境，在這種情況下，災難和各種絕症當然就會源源不斷而來。

我們都知道，君子平時以左方為大，到了用兵的時候，則是以右方為大，這是因為作戰要殺害生靈。吉祥喜慶的事以左為大，凶殺的事以右為大。作戰時，偏將軍居左方，正將軍居右方。就是說把作戰當成是喪事看待的。華人貴左不貴右，左陽右陰，陽生陰殺，我們說左大右小，左高右低，先左後右。

銳利的兵器和先進的武器，實在是極為不祥的東西，不但人們討厭它，眾生萬物也都討厭它，所以君子更不會喜歡它。自古以來，兩國交戰，不殺使者，不殺俘虜，因為大家都明白，用兵作戰是保衛國土而不是要濫殺無辜。

梁襄王問孟子：「天下如何才能安定？」孟子說：「統一了就安定。」

襄王又問：「誰能統一天下？」孟子說：「不喜歡戰爭，不喜歡殺人的人，就能統一天下。」

可見以出兵打仗而得意洋洋的人，就是喜歡殺人的人了。喜歡殺人的人，肯定不是好人，肯定沒有辦法治理天下。這一番話，怎能不教那些正在為統一不統一，出兵不出兵而煩惱的同胞兄弟們，有所警惕呢？

任何一種戰事，受害者將是無辜的百姓，況且殺敵一萬，自損三千。

古來聖賢仁者，都是反對戰爭的，聖人之所以是聖人，就是不把別人認為是必然的事當作必然看。

知人者智，自知者明

能夠了解別人的長短和善惡，只能算是聰明而已；能夠認識自己的良知本性，才是真正的清楚明朗。能夠戰勝別人的，只能算是有力；能夠克服自己的，才算是真的堅強。能夠淡泊名利，不貪圖錢財而懂得知足的，就是富有。能夠常處於「道」，勤修力行「道」而恆久不息的，便是長久有志。凡是身體死了，而精神長存不朽的，就是長壽。我們說仁者壽，仁者不僅僅長壽，即使是死了，精神卻不死。

上面說的「智」和「明」，有所不同。智是聰明智慧，是外顯的。明是清明，是內照的。以智觀人，以明省己。觀人只要具備了知人的能力即可，而省己則須要克己去欲。所以知人比較容易，自知比較困難。一個人的眼睛能夠看到百步、千步之外的事物，卻看不到自己的眼睫毛。我們常常看到別人的瑕疵，卻看不到自己的缺點或大過失。越是去管別人的短處，自己所失去的長處就越多，自知越久，智慧和修行就越能提升。這也就是「冥想」的目的。

有句話說：「破山中賊易，破心中賊難。」又說：「最大的敵人是自己。」一個人的外在智慧就像是蠟燭一樣，愈燒愈短；內在「清明」則好比「鏡子」，愈擦愈亮。「尺有所短，寸有所長」，物有所不足，智也有所不明。社會上的人，懂得這個道理的人很多，但是能夠去實踐這個道理的人卻很少。

我們說：「人貴有自知之明。」所謂自知之明，就是了解自己，認知自己的不足，察覺自己的過失，正確地對待自己。有的人只看到他人的成就，就是看不到他人的努力。只知道羨慕和嫉妒，就是不知道及早努力。

像這樣的人，往往缺少善良的心地和寬闊的胸懷。假如他的心地善良，就會有寬闊的胸懷，那麼別人有才能，就好像自己有才能一樣；能夠容納別人的才德，才是真正有德之人。

人的欲望深如溪谷，即使每天收入數以萬計，也不會感到滿足，所以只有懂得知足的人，才是真正的富有。說到「仁者壽」，就是「死而不亡者」。一個得道的人，他的精神不朽，死而不亡，這樣才真正有資格稱得上「壽」的人。我們別說岳飛、文天祥、孫中山等人，就說新加坡的慈善家、教育家李光前，到今天，他所創立的李氏基金會，還在積極地為社會服務。

「壽」這個字不單是指陽壽而已。美德的榮譽比財富的榮譽，不知道要大多少倍。有錢的人說起話來可能聲音比較大，但那只是暫時性的，因為只要有一天他沒有錢了，說話自然就小聲了。所謂社會上的「名流」，靠的是「錢」而已，死了什麼也完了。流芳百世的人，才是真正「長壽」的人。

我勝人非福

世界上的東西，都有形體樣貌，有聲音、有影像、有顏色，這些都是看得到的物（東西）。那麼物與物之間為什麼有距離呢？那是因為有聲音，有形態、有顏色，所以使大家能夠有所分別，有空間距離。

有了分別心，人就有了煩惱。我們打個比方，一個喝醉的人從車上摔下來，雖然也受傷，但是往往不至於死亡。他的身體結構和骨骼肌肉都和常人一樣，為什麼損害的程度就與常人不同呢？那是因為他的精神被麻醉了，被凝聚了，他乘車不知，墜車也不知，心中沒有任何恐懼，即使和外物摩擦碰撞，內心也不會驚嚇，因此不致有嚴重的傷害。

我們用喝醉的人，來形容一個人的精神被麻醉了，而外來的一切現象對他來說，是不知不聞的，這當然只是一般世俗之人所謂借酒消愁，借酒來忘記煩惱而已。但是酒醒了，還是要面對事實的。然而，一個順天而行，順應自然的人，一個有智慧、有修為的人，他和自然化合為一，外物是傷不了他的，世俗的名利煩惱，也奈何不了他。因為他能保守純和之氣，修養恬淡之心，平靜、沉著而無為，用智慧來培養恬靜。這樣，和順與道德，自然就會從本性中流露出來了。

一個有智慧、有修為的人，對外界的物欲是無動於衷的。但是他們卻多是被人所嫉妒的，為人所排擠、破壞甚至陷害的。他們都懂得「不聞毀己者」，所謂「耳目寬時天地窄，爭務短時日月長。」耳目用得太多了，心胸天地間就會變得很狹窄。少去爭權奪利，便會覺得日子清閒快樂而漫長。

唐朝有一個官，侍郎兼宰相狄仁傑，有一天武則天對他說：「你在汝南做刺史時，很有成績，但是很多人說你的壞話。」狄仁傑聽了微笑不語。武則天問道：「你不想知道是誰說你的壞話嗎？」狄仁傑說：「陛下認為他所說的是我的錯，我當改正；認為不是我的錯，這是對我的愛護。說壞話的人是誰，我不想知道。」

宋朝的呂蒙正，剛剛進入朝廷任宰相時，有一個官員在旁邊指著他輕蔑地說：「這小子也能參與政事嗎？」呂蒙正假裝沒有聽見，頭也不回地走了。同僚們都為呂蒙正打抱不平，要去追問那位官員的姓名，呂蒙正即刻阻止他們說：「算了吧！要是知道了他的姓名，就會終生耿耿於懷，不如不知道的好。」

許多事情，聽了還不如不聽的好。許多事態情況，看了還不如不看的好。「耳不聽，心不煩。」「眼不見為淨」。如果有人恨我們，嫉妒我們，生我們的氣，而我們並不知道，那麼生氣的是他，難過的也是他。但是我們很想幫他，為他解開仇恨之結。明知道自己沒有錯，也願意向他道歉，這樣對大家都好。以後他知道自己理虧，反而覺得不好意思。您看，生氣的是他，懷恨的是他，不好意思的也是他，多麼痛苦啊！

上面說的官場「文人相輕」現象，其實自古以來都是這樣的。文人為什麼要相輕？那是因為太執著於自己，太自我了。人的心中煩惱，有九成是由自己帶來壓力和負擔，這些壓力和負擔，由於願望不能實現，就像心靈被火燒焦一樣，一旦看到了別人比他好，就嫉妒如仇，百般破壞。古人說：「人勝我無害，我勝人非福」。別人勝我並沒有什麼壞處；我勝過別人並不是福氣，因為日後可能有難以預測的災禍發生。

《菜根譚》中說：「我富貴時，別人來奉承我，那只是奉承我的權勢、地位而已。當我貧窮時，別人來侮辱我，那只是侮辱我的貧困、寒酸罷了。如此說來，根本不是奉承我本人，我何必高興；又根本不是侮辱我本人，我何必生氣呢？」

勢太強必弱

任何一種事物，如果要收縮它，必定先要使它擴張；如果要削弱他，必定先要使它強盛；如果要廢棄它，必定先要興舉它；如果要奪取它，必定得先給它。這個道理，看起來很微妙，其實也很明顯，那只是說明了柔弱能勝剛強的哲學思想罷了。

物極必反，勢太強必弱，事情過火了，一定有不愉快的後果。這是自然的現象。越王勾踐，想要消滅吳國，他先勸吳王攻打齊國，又勸吳王和晉國在黃池會上爭霸。這些目的達到了之後，眼看吳王越來越驕傲奢侈，於是越王一舉而消滅了吳國。所以說先使他擴張，然後收斂之。如果一個小孩，成長時期讓父母寵愛，養成了驕傲自大的性格，那麼將來遇到了事情，多是不堪一擊的。

中國春秋時期，鄭莊公想要消滅共叔段，先給他很大的土地，眾多的人民，讓他自以為財勢雄大，再讓人在他耳邊慫恿他，稱讚他，終於使他起了反叛之心，時機一成熟，鄭莊公發兵一舉而把他和同黨一網打盡。

楚國想要吞併漢水東面的國家，但首先必須拿下勢力最大的隋國。於是楚國先放出風聲，說有意侵略隋國，隋國為探虛實，派了少帥前來談判，楚國特地把精銳的軍隊調開，展示一些老弱的殘兵和破舊的兵器。於是隋侯便不把楚軍放在心上，並且放鬆了駐紮附近小國的警備。不久後隋國就被楚進軍消滅了。

晉獻公想消滅虞國，先派人送給虞王大的璧玉和許多寶馬，請虞國借路讓他的軍隊透過去攻打虢國。虞王貪圖美璧和寶馬，就答應借路給晉國，就這樣，晉國攻下了虢國之後，回師經過虞國時，順手把虞國也消滅了。這正是要廢棄他，先抬舉他；要奪取他，先給他好處。

以前有一個商場前輩，因為經商時讓朋友騙了一筆錢，導致自己破產。他懷恨在心，想出了一個報仇的方法，每個週末帶著仇人的孩子去賭博，先給他一些甜頭，讓這個孩子迷上了賭博，不到幾年時間，欠下賭債，拋妻棄兒，連他父親的房子也偷偷地賣了，幾乎淪落為乞丐。

無論是動物還是植物，生的時候是柔弱的，死了就變得堅強僵硬。這闡明了柔弱的益處，剛強貪心的害處。這是自然的道理，自然界本來就是這樣的，後人運用這個道理，在人性的弱處給予發揮，而成為兵法之一。天地間萬物本來就沒有貴賤之分，也沒有所謂的多和少。賤的人追求貴，少的人貪多，多的人貪求更多。所謂成功，必定是有一方面要失敗或者毀滅。萬物本來是無成無毀，不生也不滅，而世間卻是分分合合，成成毀毀。所以清廉的人，反被傷害，高貴的人受到攻擊，有為的人遭到非議，賢能的人終被謀害，普通人老是受到欺凌。

大自然的規律是沒有偏私的。你想得到多一點，就必須付出大一點。要成功就必須刻苦。低等動物的生命不如人類，所以牠們的繁衍量很大，一下子產下百千個後代，而能活下來的很少。有一種蝴蝶非常美，抓來做標本很好看，在化蝶前叫做帝王蛾。帝王蛾破繭而出的過程非常困難，幾經掙扎受苦，才能成功地衝出繭來。於是人們在繭上挖一個洞，好讓蛾輕易地出來，可是這種不經苦難，不經掙扎而出來的蛾蝶，翅膀發育不健全，幾乎都不能飛翔。這是生命的步驟，絲毫也不能省減。

五〇年代的一部電影中就說道：「人要笑得美，經過血和淚。」寶劍鋒從磨礪出，玉梅香自苦寒來。

不經一番寒徹骨，焉得梅花撲鼻香。

不行春風，焉得春雨

任何事情，無論結果是好是壞，都有它的緣由。東漢的魯恭，在中牟縣當縣令，鄰近各縣的蝗蟲很猖獗，只有中牟縣沒有蝗蟲為害，於是朝廷派使者前來檢查一下，看看是什麼原因。

使者趕到了中牟縣，還沒有來得及拜訪縣令魯恭，就累得先在樹下休息一會。這時，有一個小孩也在樹下嬉戲。忽然一隻雉雞從小孩身邊經過，使者問小孩為什麼不抓雉雞？小孩答道：「現在雉雞正在帶小雉雞，不能抓的。」

使者聽了恍然大悟，馬上明白為什麼中牟縣這麼安然無事，原來縣令以德治人，德化施及飛禽，連小孩也有仁愛之心，難怪蝗蟲不飛來中牟縣為害。

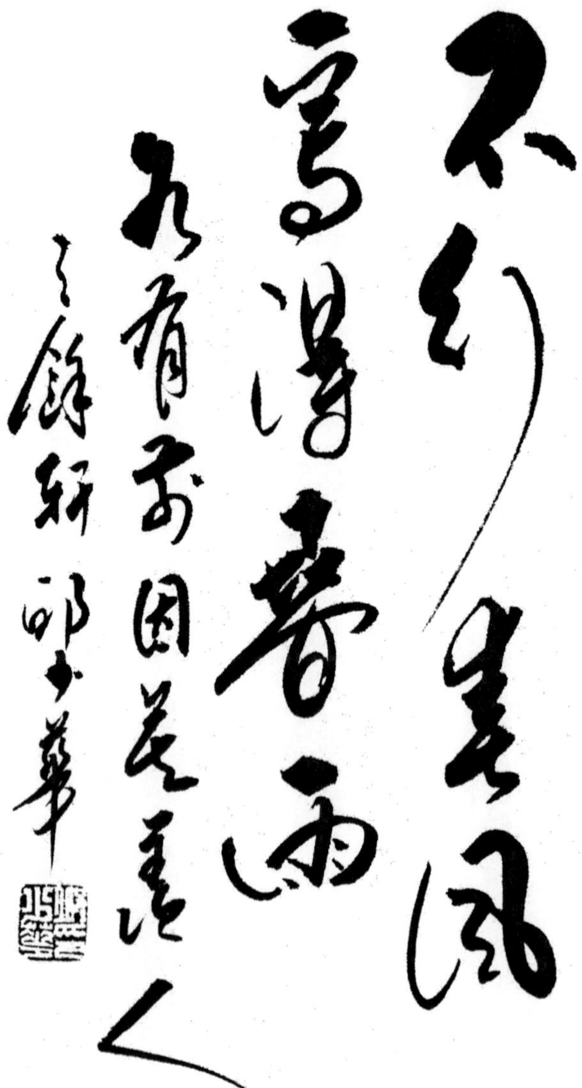

不行春風，焉得春雨。各有前因莫羨人。

真是「各有前因莫羡人」啊！所謂「不行春風，焉得春雨」。有德之人，靜的時候是聖人，動的時候是君王，他能與天和，使天下太平。他也能與人和，使人人樂樂相處。與天和稱為「天樂」，與人和稱為「人樂」。

世俗的禮

正人君子立身處世，應該是以忠信為主，而不是重視世俗的禮節。以守道為務，而不是任用智巧。只要能夠棄除一切的浮華，而取用敦厚質實的真誠，那就是真君子。

真正有德的人，立教施化，至誠無妄，沒有私心。義的行為則是根據一定的準則，所以是有所為而為。說到禮，多是造作出來的，口是心非者居多。有了禮節，人們就更加虛偽。講的是這樣，做的又是那樣。明明很喜歡也不說出來，明明肚子很餓，卻說吃飽了，明明很在意，偏偏說不要緊。禮的表現在於盤旋揖讓、應對進退，單單看謙讓座位，就退讓了老半天。心裡想出風頭，又不好意思那麼做。這些外表的文飾，繁文縟節流行了全天下，人的質樸本性被淹沒了，虛偽巧詐勾心鬥角，最後即使靠法令刑賞，也不足於維持秩序。

老子認為禮是禍亂之首，不但孔子的禮帶來了很大的壞影響，連宋朝的理學家程頤、程顥、朱熹等人，更是害人不淺。他們把封建社會制度的統治者說成「天理」，這對那些維護封建制度的統治者，大有好處。朱熹有一句名言：「餓死事小，失節事大。」丈夫死了，一個年紀輕輕的女人守寡，已經是多麼悽苦的事了，卻要人家寧可餓死，也不能改嫁，合理嗎？更加一等的，鼓吹殉夫，丈夫死了，妻子最好跟著去死。甚至要求沒有結過婚的未婚妻，跟著沒有見過面的丈夫去死，誰死了就表揚她，樹立「貞節牌坊」。還有，守喪時不能吃飯，簡直是莫名其妙。

行善應該是自然，無心無意的，自然而然的，如果有心有意的，便是脫離了自然之心，便是偽善。

無意中得到的東西，才有意思；偶然碰到愜意的事，來不及笑，真正發自內心的笑聲，事先是無法做安排的。

反者道之動，弱者道之用

宇宙間的一切現象，都是由相互對應的形態所構成的。現在晚上，幾個鐘頭後就是白天，春夏秋冬，生老病死，只是地球上和人類的一個小小規律而已。有美就不能沒有醜，有善就不能沒有惡。

貴賤高低都是相對而成的，我們之所以高貴，那是因為別人的賤下，如果沒有別人的賤下，我們又如何高貴得起來。因此，高貴沒有什麼值得驕傲的了。第一名的只有一個，如果沒有第二、三、四等名次，第一名就不能存在了。就好像一座塔一樣，塔尖沒有塔底，又怎能高得起來。所以萬物不僅是相對立，也是相輔相成。善人是不善人的老師，不善人卻是善人的借鏡。沒有矛，要盾做什麼？

能夠重視反面、負面的價值，是很有用處的。世間事，太剛硬了必定遭到摧毀，太強了必定受到挫折。這樣的反覆不已，周流不息，往還運轉，生命才得以綿延不盡。花由根而生，最後落葉又歸根。浪濤向前捲來，最後又歸復於水。

所謂反面和負面，就是柔弱、虛靜、卑下、曲折、隱蔽、屈辱、退讓等。天下最柔的是風，遇到阻礙就轉移方向，極小的孔隙也能屈身透過。說風柔弱，它又可以把屋子大樹吹倒，風力之大，不可抗拒。水也是天下最柔弱的東西，東南西北，長短方圓，環山抱陵，無孔不入，無堅不摧，水滴石穿。人間最柔弱的是嬰兒，混沌無知，毫無自衛能力，可是生機是最充沛的。

老子的一句話：「反者道之動，弱者道之用」，如果運用在商場上，真是妙不可言！物極必反，任何的物價漲到最高價位時，一定會跌下來；跌到谷底時，又一定要回升。在股票市場裡，當整個社會正熱中於炒股票，或者連阿姨、阿嬤也走進股市時，那麼股災就一定到來。當大家都拚命地追求某一種利益的時候，那種利益就要衰敗。

「弱者道之用」，也是經商者的座右銘，利用消費者的弱點去經營，去賺錢，是最有機會的。什麼是消費者的弱點？父母望子成龍，女性愛美，人有虛榮心，人追求潮流，人講求物質享受，人愛面子，人的購買力太強盛時，國家開放之際，社會正需要或缺乏某種東西時……這些都是「弱點」，攻其弱點，取之為用。話又說回來，世間事，往往是表面上受損，其實暗地裡受益不淺。吃虧是福。占了小便宜，結果可能吃大虧。所以天下事，是占便宜不得的，有便宜的貪心，就有不便宜的大悔。

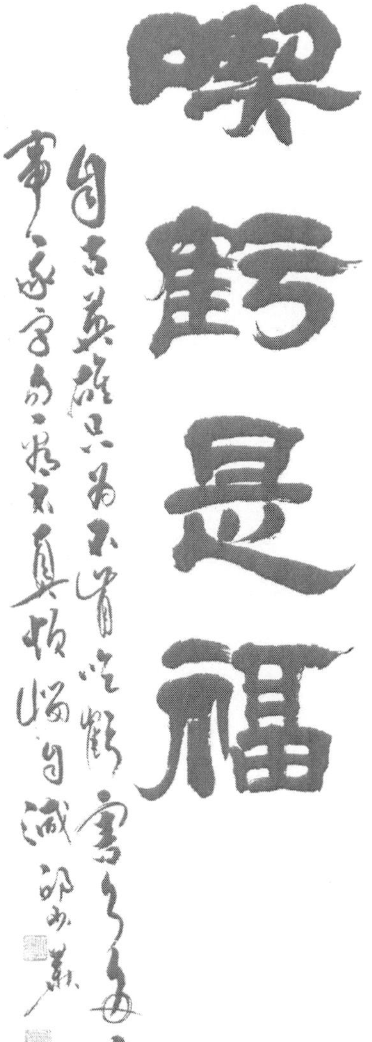

吃虧是福

知足不辱，知止不殆

凡事的成功與否，在於取捨之間，一念之差就會全軍覆沒。如果為了表面的益處，也很可能因小失大。

李義琰是個宰相，住宅很簡陋。他的弟弟李義進當了參軍，就在市場上買了許多好的造屋木材送給哥哥，哥哥不肯接受，對弟弟說：「國家命我為相國，難道就可以問心有愧嗎？建造豪華住宅，只能敗壞我的名聲。你這樣的做法，難道是愛我之心嗎？」

弟弟說：「那些當縣官的小官，一上任就蓋大房子，而哥哥您身為宰相，怎麼能低人一等，讓人看不起呢？」哥哥說：「事難盡如人意，物也不會兩興，既有顯赫的官位，又要有寬敞的住宅，如果沒有非常好的德行，必然要遭受殘害。我不是不想要好房子住，只是害怕因此招禍。」世間人要高官又要厚祿，要權勢又要錢財，這種添丁發財兩全其美的想法，是比較困難的事。人一生都在追求名和利，有時在無可奈何的情形下，還說只是「身外之物」而已。到底身外的名聲，和自己的生命比起來，哪一個比較重要呢？身外的財物和自己的生命，哪一樣比較重要呢？得到了名利卻失去了生命，哪一樣又對我們有害呢？為了滿足自己無邊無際的私慾，即使賺得了全世界，卻把自己的生命賠上了，

那有什麼義意呢？過份的愛慕虛名，就必須付出慘重的代價和損失。收藏太多喜愛的東西，將來亡失的一定很多。只有知道滿足才不會受到侮辱；只有知道適可而止，才不會產生危險，這樣身體才可以長安，生命才可以久存。

我們都知道「知足常樂」這個道理，但是有多少人能做到？我們也知道「留得青山在，不怕沒柴燒」，但是當自己讓名利給纏上了，就什麼也管不了。要勸別人看開一點、看破一些很容易，要抑制自己的欲望卻非常難。一個看不開的人，突然看到別人要自殺，馬上會上前阻止他，向他勸說，而竟忘記了自己也是個想要自殺的人。

人與人之間，為什麼會不斷地產生摩擦和矛盾？其中最大的原因是：人永遠不知道滿足，有無限的欲望，永遠追求不完的欲望，每一個人都希望自己的願望，無論是合理

的，還是不合理的，都得到百分之一百的實現。一旦願望不能實現，或者只實現一半，就會產生不滿，進而產生衝突、鬥爭。不知足的另一個心態，就是不肯吃虧。知足是指自己已經得到的東西，在據為己有時，知道它的界限，感到滿意。

「少欲」和「知足」有什麼差別？佛說：「少欲者不取，知足者得少而不悔恨。」

滿者必傾

碗中的水盛得太滿，就會溢出來。刀劍磨得太鋒利，就容易折損。

有一天，孔子來到了魯桓公的廟中，看到了一件很特殊的東西，那是一個傾斜的器具。孔子問看守廟的人：「這是什麼東西？」那人回答：「這是勸酒的器具，叫做『宥坐』。這種器具很特別，裡面沒有水它就倒下，倒水進去倒的適合就立起來，水太滿了又倒下去。」

孔子和弟子灌水進去一試，果然水倒得差不多就立了起來，倒進太多就倒了下去。孔子非常感慨地說：「想不到世界上竟然還有這樣精巧的東西。世間事，沒有滿了而不傾覆的啊！」

人在世間，要完全放棄名和利，是很不可能的事。只要能「少私寡欲」，少一點就很好了。吃東西也一樣，七分飽剛剛好，吃得太多太飽，是會拉肚子的。

最大的災禍：不知足

貪而無厭的人，最是煩惱，也很可悲。蘇東坡有一首詩說：

「蝸涎不滿殼，聊足以自濡。升高不知疲，竟作黏壁枯。」

蝸牛分泌的涎沫，只足夠潤溼自己殼裡的肉身。當牠行走時，必須不斷地吐出唾沫來溼潤地面，才能順利地前進。因此，在雨後草地潤溼了，蝸牛才出來活動覓食。如果蝸牛不知疲勞，拚命地往上爬，直到自己殼內的唾沫分泌完了，再也沒有辦法下來，那麼最終就要黏在壁上枯死了。人為財死，為利亡。

人生只有短短幾十年，如果一直奔命於追求名利，到了老年，一身病痛，才來後悔，那真是冤枉和不值得。世間人就是這樣，勞勞碌碌，不知在做什麼。

《紅樓夢》有一首〈好了歌〉，這樣唱道：

「世人都說神仙好，只有功名忘不了。古今將相在何方？荒塚一堆草沒了！世人都說神仙好，只有金銀忘不了，終朝只恨錢不多，及到多時眼閉了。」

所謂功名、金錢，一旦超過了自己應得的界限，就會拖累自己。

古時有一個商人，做生意做得很好，財源滾滾而來，他每天自己點算錢財，算到三更半夜，累得腰痠背痛，頭昏眼花，上床後又要想想明天的生意怎麼做。就這樣白天忙得很勞累，晚上想得很辛苦。

賺得越多，越是睡不著覺。住在他隔壁的賣豆腐夫妻，卻是每天清晨起來磨豆、點漿、做豆腐，說說笑笑，快樂無比。富商每晚在床上翻來覆去，搖頭嘆氣，對隔壁這對夫妻又是羨慕，又是嫉妒。他的太太說：「我們這麼多銀子有什麼用，整天又累又擔心，還不如隔壁那對窮夫妻，活得開心。」

富商說道：「哼！他們窮開心，變得富有就不能這麼開心了。好吧！我就讓他們笑不出來。」說著，翻下床去，從錢櫃裡抓了幾把鈔票，丟到隔壁院子裡。隔天早上，窮夫妻起床，一邊唱歌一邊磨豆腐，忽然發現院子裡白花花的鈔票，嚇呆了。他們怎麼也想不到是隔壁富商丟過來的，還以為是上天送來的。

夫妻倆從來沒有看過這麼多鈔票，於是又興奮又緊張地，把鈔票收藏起來。從此，不再磨豆腐了，也不知道該把鈔票藏在哪裡，放在家裡又怕不安全，怕人家說錢是偷來的，更怕走漏風聲，就這樣睡不著覺，飯也吃不香，有時甚至為了鈔票的事，夫妻大吵一場。

人生耐得住貧窮容易，耐得住富貴卻不容易。在勤勞清苦中，生活容易，在閒散中度日卻難。要忍得住疼痛容易，要忍得住癢卻很難。而能夠忍耐得住富貴、閒散、發癢的人，一定是一個相當有修養的人。

大家在清苦的日子裡，可以結拜為兄弟，共同努力，所謂「團結就是力量」，打倒財主，打倒專制獨裁。然而一旦大家有錢了，那股凝聚力馬上消失了，你的錢多了，我的錢少了，我就不甘心，嫉妒，接著要手段、勾心鬥角，利字當頭，什麼情誼也顧不了。人的歲月本來是悠長的，但忙碌之人使歲月變得短促。當名利到手時，人也已經老了。天地本來是寬闊的，但心胸窄小的人，使它變得狹隘。有一首詩這樣寫道：

「青山臨黃河，下有長安道。世上名利人，相逢不知老。」

能夠看透生死的界限，活也活得自在，死也死得安然。如果能看破名利的虛妄，就不會在乎得失，得到也好，失去也無所謂。

所以說，如果人人知足知止，那麼國與國之間就可以和平相處，沒有戰爭。天下的災禍，沒有比「貪心」更大的了。只有「知足」，才是永遠的滿足和幸福。

青山臨黃河，下有長安道。世上名利人，相逢不知老。

莫貪圖眼前利慾

有一天，莊子到果園裡遊玩，看見一隻鳥飛過。這隻鳥很特別，翅膀很大，卻不高飛；眼睛很圓，卻不看人。莊子提起衣角，追了過去，手裡拿著彈弓，準備把這隻鳥射下。突然間，他看到一隻躲在樹蔭下的蟬，貪圖舒適，竟然沒有注意到後面有一隻舉起鉗臂要抓牠的螳螂；而螳螂只顧捕蟬，竟沒有察覺到鵲鳥正向牠飛來。鵲鳥為了貪圖眼前利益，也忽視了藏在一側的莊子。

莊子看到這樣的景象，心裡就明白了，原來物類只顧眼前的利慾，而忽略了身後的禍害！有心謀害他物的，又何嘗不會為自己帶來災害呢？想到這裡，莊子拋掉彈弓，就要離去。可是管理果園的人卻追上來，死攔著他，說他偷了果實。莊子不加理會，快步走了。園丁在他的背後破口大罵。莊子回家，心情很不愉快，他的弟子問他發生什麼事，他說：「我只顧和外物接觸，竟然忘了自己所處的環境，讓果園園丁誤會是小偷，受到了侮辱。比起鵲鳥、螳螂和蟬，也不見得比較高明。」

古時有一個人，國家滅亡了，他把價值千金的璧玉拋棄了，背著小孩逃命他鄉。有人問他：「你這樣做是圖錢財呢？還是怕累贅？如果是為了錢財，那麼小孩子還不如璧玉值錢。如果是怕累贅，那麼小孩子又比璧玉累贅得多了。」他說道：「璧玉只不過是圖利，小孩卻和我的天性結合。」由此可見，凡是因為利而合的人，在遇到災難的時候，必會被拋棄。凡是因天性而相聚的，遇到災難時，必會彼此收容。

君子之交淡如水，因為君子以道而合。小人之交甜如蜜，因為小人以利而聚。以道而合的人，可以互相扶持，以利而聚的人，則容易絕情絕義。人間為什麼有那麼多的摩擦和仇恨，因為太親密了。天上的星星千千萬萬，為什麼不碰撞，因為有距離。我們常說：「富在知足，貴在求退。」事情成功了，是退隱的時候了，否則一再顯耀功勞，終要被奸人所害。人生有了欲望就有困擾，也就失去了自由。看破了，還要懂得放下，這樣才會自在。

弓滿則折，月滿則缺。明朝兵部尚書吳琳，當了六年官就辭職退休回鄉。明太祖很不理解，便派使者前去暗查實情。使者來到吳琳的老家，看到一個老農夫在田間拔起秧苗，撒向稻田裡，樣子十分認真。使者上前問道：「此地有個當過尚書的吳琳，他住在哪裡？」老農夫停下手說道：「我就是吳琳。」使者回去把情況告訴朱元璋（明太祖），朱元璋讚嘆不已。

南北朝的書法家陶弘景，好道術、五行、地理、醫藥，又善彈琴下棋，讀破萬卷書，草隸一流。齊高帝很欣賞他，請他做諸王子的侍讀。陶弘景把太子教到知書達理之後，就辭官隱居在句曲山四十年，著書寫字。梁武帝登位後，幾次派人召他出仕為官，他不答應，只畫了兩頭牛，一頭在山野水草之間，悠遊自在，另一頭則罩著頭，由人牽著繩，以木棍趕著走。梁武帝看了雙牛圖，不但沒有生氣，反而更加敬重他，常向他請教國家大事，時人稱他為「山中宰相」。

金錢如肥料

在這個金錢掛帥的社會裡，有錢的人講起話來總是大聲一點。許多人認為有了錢，名譽地位就跟著來了。然而金錢能造福人類，也能給大家帶來禍害。這好比藥能救人，也能殺人一樣。

一位慈善家對金錢做了一個非常美妙恰當的比喻，他說：「金錢如肥料，宜施不宜積，積則愈積愈流毒，施則無施不繁榮。」積財而不肯施捨的人，就是中毒的人。

有一個財主，在他快要病死的時候，家人在他床邊點了一盞三個燈蕊的油燈。這時候財主已經不能講話了，但是一直不肯斷氣，總是伸著一個手指頭。家人都不明白他的意思，猜想大概是還有一件事情沒有完成，或是有一個孩子還沒有回來，沒有人猜得透。後來幫他管帳的人進來一看，就說：「老爺的意思是說，三個燈蕊太多了，用一個就夠了。」

像這樣一個守財奴，和乞丐沒有什麼區別。乞丐是什麼？最貧窮卑賤，永遠無知的人就是乞丐。因為無知，所以才沒有謀生能力。人心如果貪婪而不知滿足，即使是富如國王，也是貧如乞丐。又有一個非常富有的猶太人，一生愛財如命，一分錢也不肯施捨。死了以後，人們特地在他棺材兩邊各挖了一個洞，讓他躺在棺材中，兩隻手從洞口伸出來，告訴人家原來他也和大家一樣，來時空空，死了雙手也空空。人只要能知足，生活就比較快樂。有一首詩是這樣的：「你騎馬來我騎驢，看看眼前我不如。回頭一看推車漢，比上不足比下餘。」人生不如意的事十之八九，我們只要和境況不如自己的人相比較一下，就會減少一些痛苦；或是到醫院走一趟，看看那些在病床上呻吟，過著人間地獄日子的人，自然就會知足了。人只要想通了，日子就過得更安然、適然。有一天，一位禪師把弟子召集在一起，對他們說：「你們在開悟以前的事我不管，現在請你們把開悟以後的日子，用一句話來形容。」

弟子們都答不出來。於是禪師自己說了：「日日是好日。」弟子們仍然不太明白，禪師搖了搖頭，嘆一口氣走了。其實弟子們都還沒有開悟。因為開悟了，心境就不同，境由心生，心生一切，心滅一切。開悟的人，心性是圓滿的，所以每一天都是好日子。

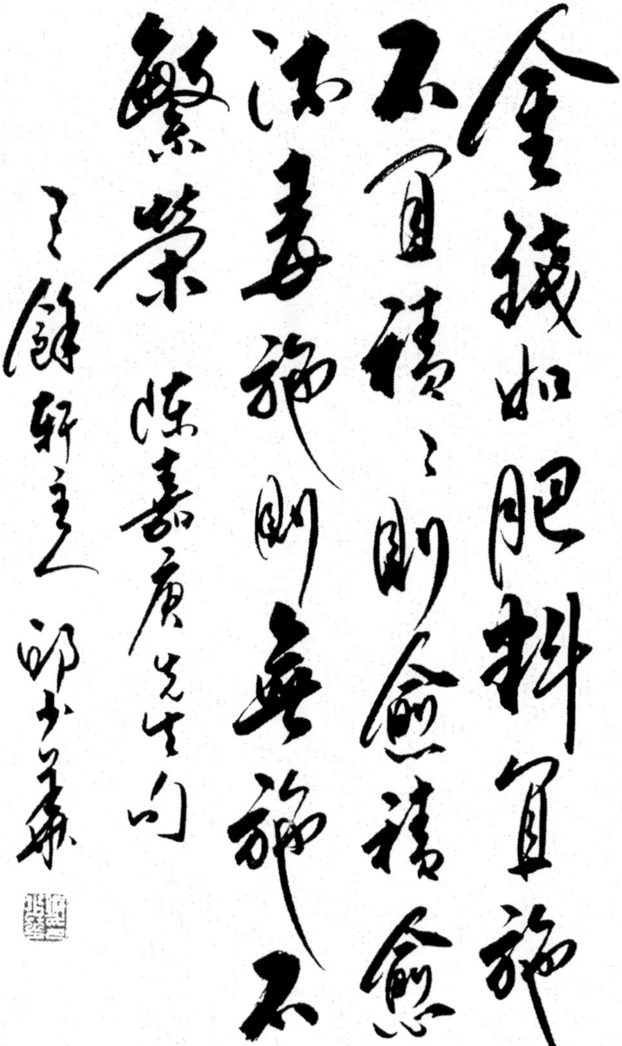
金錢如肥料宜施不宜積積則愈積愈流毒施則無施不繁榮
陳嘉庚先生句

金錢如肥料，宜施不宜積，積則愈積愈流毒，施則無施不繁榮。

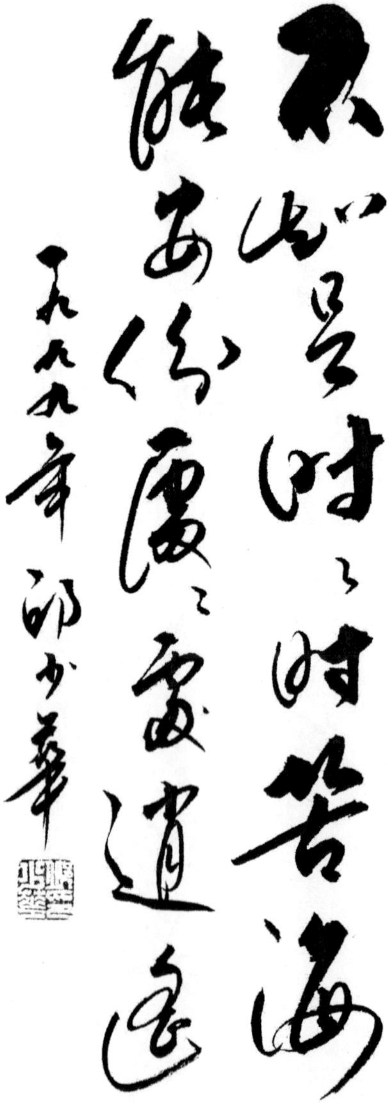

不知足時，時時苦海。能安份處，處處逍遙。

什麼是快樂？

天底下到底有沒有真正的快樂？有沒有保身活命的方法？為什麼人間多是痛苦的？人們一生所讚美的是：長命、富貴、幸運和名利。所喜歡的是：身體安康，飲食合口味，裝飾高貴華麗，色慾得到滿足，聲音悅耳動聽。所討厭的是：窮困、卑賤、疾病和死亡。所認為苦的是：身體不安逸，吃不到美味，穿不上華服，得不到美色，聽不到悅耳的聲音。這些都是形體上的滿足而已。如果得不到這些滿足，就開始憂愁起來。如果費心於形體上的享受，人就會勞苦身心，不停地做事，累積了不少錢財，自己卻捨不得用，也不可能完全使用，反而苛刻虐待自己的身體，太不值得了。

一般人都以為有了金錢，擁有愛情，擁有名譽和地位，就是快樂。實際上，這種擁有只是暫時占有而已。當你有了金錢、愛情、名譽和地位以後，煩惱和憂慮就隨著占有了你。因為世間的東西，只要能夠得到的，便有可能失去。所以孟子說：「三軍可以奪帥，匹夫不可以奪志。」

孟子又說：「仁義忠信、樂善不倦、此天爵也。」樂於行善而不會疲倦，是上天給予的恩賜。在孟子的心目中，快樂有三種：「君子有三樂，父母俱存，兄弟無故，一樂也。仰而不愧於天，俯不怍於人，二樂也。得天下英才而教育之，三樂也。」

孔子說自己是：「發憤忘食，樂以忘憂，不知老之將至也。」他的樂是不受外在條件所限制的，他的樂是啟發心靈的快樂。孔子又說：「知者樂山，仁者樂水。知者動，仁者靜。知者樂，仁者壽。」若要得到快樂，就要自由地和大自然的接觸。智者之所以稱為智者，就是他因時因地而制宜，能夠在任何時候，任何地方，掌握內在活潑的生機。仁者，基本上是順著內心的向善動力，行善積德。

孔子也將快樂分為好和壞各三種。「益者三樂，損者三樂。」什麼是有益的三種快樂？那就是：（一）以禮樂來節制生活，使生活有規律。（二）善道人之善，抑惡揚善，稱讚別人的優點和善行。（三）樂多賢友，結交許多好朋友。三種有損害的快樂是：（一）以驕傲為樂，驕傲得意所帶來的快樂，一定會造成別人的嫉妒。（二）以無所事事，好逸惡勞，遊手好閒為樂，這樣自我放縱，貪圖享受，終會樂極生悲。(三)以喜歡和酒肉朋友大宴小酌，三日一小宴、五日一大宴而樂，這樣的快樂會讓人失去本性。

有一對聯，非常有意思：「大廈千間，夜眠八尺；良田萬頃，日食一升。」

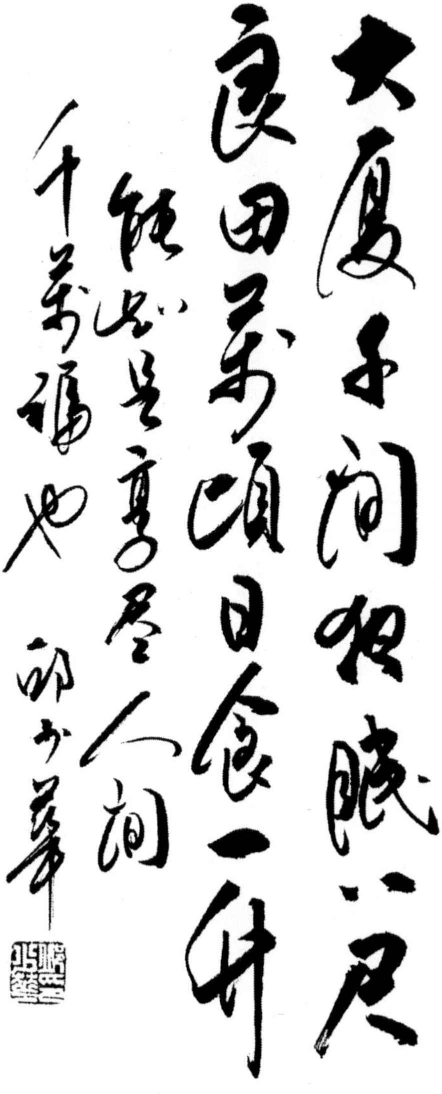

大廈千間，夜眠八尺；良田萬頃，日食一升。

事能知足心常樂

有一次一個英國人，一個法國人和一個俄羅斯人，一起討論快樂的意義。英國人認為快樂就是：整天享受家裡暖烘烘的爐火，而且自己又是一家之主。法國人比較風流，他說：「你們英國人真是缺少了一點情趣。快樂就是因公出差時，能夠找到一個體貼的女伴，結束之後又能毫無牽掛地分手。」俄羅斯人搖了搖頭說：「你們說的都不對。真正的快樂是當凌晨時分，祕密警察闖進屋子裡來抓人的時候，你能夠告訴他，你要抓人的住在隔壁。」

世界上的人，因為生活環境不一樣，人生觀也不一樣，對快樂的定義和看法就完全不同。落後國家的人民，只要能夠吃一餐，就是快樂，在困難中能夠逃之夭夭就是快樂。而我們的社會，人見到鈔票就是快樂。金錢當然也能給我們快樂，如果懂得善於利用金錢，做自己想做而又有意義的事，那也是非常快樂的事。

金錢要布施才有快樂，愛情要肯奉獻才有快樂，名譽要用來服務社會，才有快樂。梁啟超說：「人生最快樂的事，就是把應盡的責任盡完。」

一個人如果能和天地、大自然融為一體，則其胸襟的寬大不用言說，這樣的人自然不會在意金錢、財物、名望的擁有與否，因而心靈常保持平安喜樂，他的人生，是個悠遊自在的人生，自然和諧，了無災難。

「事能知足心常樂，人到無求品自高。」能知足，享盡人間千萬福。

〈知足歌〉

思量事累苦，閒著便是福。
思量飢寒苦，飽暖便是福。
思量疾病苦，健康便是福。
思量危難苦，平安便是福。
思量監禁苦，安居便是福。
思量死來苦，活著便是福。

也不必高官厚祿，
也不必堆金積玉。
看來一日之間，
許多自然之福。
只因看不破，終日自蹙蹙。
本是無事人，討得腦心曲。
本是溫飽人，弄得缺衣食。
本是強健人，縱得病拘束。
本是平安人，惹得危險辱。
本是長壽人，作得死催促。
世間有幾人，會享自然福。
我勸世間人，不要不知足。

了解自己的本性

心靈的領悟，勝過於學識的追求。以平常心，了解自己的本性，知道了自己的真面目，不必從別處追求，這就是本性。

開悟來自禪修，坐禪的目的是要觀心，然後忘心，禪宗祖師達摩面壁九年，所悟的不外乎如此。當達摩面壁坐禪時，二祖慧可為了向他請教，在漫天大雪中站了三天三夜。達摩就是不肯收他為徒。最後為了表示自己的決心，慧可不惜把自己的右手砍斷，對達摩說：「我的心不安，請師父為我安心。」

達摩說：「請你把心拿來，我替你安。」

慧可說：「我已經尋找了很久，可是找不出心來。」

達摩回答：「好，我已經把你的心安好了。」沒有雜念，忘了自我，不再迷惑，不再執著，心就自然安了。

我們常看到蜜蜂、蒼蠅或昆蟲，想飛到房子外面去，但是每次都撞在窗上，總是飛不出去。大門明明是開著的，可是為什麼老是撞在窗上呢？而且是重複的動作，沒有停止。這意味著無法開悟的人，老是執著地做一些白費力氣、同樣的事。只有專心修行，修身養性，最終才能有脫胎換骨、重返光明的一天。

有一首禪詩寫道：「蠅愛尋光紙上鑽，不能透處幾多難，忽然撞著來時路，始覺平生被眼瞞。」求心歇處，「無事」就是貴人。

有一天，顏回問孔子：「老師，我家裡很窮，幾乎有好幾個月不曾喝過酒，吃過葷了，這樣算不算是持齋戒？」

孔子說：「這只是很普通的齋戒，不是心的齋戒。」

顏回問：「什麼是心的齋戒？」孔子說：「就是集中精神，專心一致的意思。記著，用耳去聽，不如用心去聽；用心去聽，又不如用氣去聽。耳朵聽的是沒有意義的聲音，心意領會的是無常的現象，唯有氣才是虛空的，能容納一切。所以真道真理就存在於這個虛空的境界之中。這個虛空境界便是所謂的心齋了。」

顏回又問道：「我之所以沒有運用這種方法，是因為感到自己的存在，如果接受了這個方法，就不會有自我存在的感覺，那麼，這也算得上是虛空嗎？」

孔子說：「這就是心齋的妙處，你且看那虛空的地方，因為室內虛空，所以才有光明，因為心神靜止，所以才有吉祥相聚會。如果心神不能靜止，那麼身體雖然靜坐，精神卻仍然奔馳在外，這樣是沒用的。」

上面這一段話，也是靜坐、氣功、修禪、瑜珈術的原理。氣功靜坐的最重要四個字，是「清靜無為」，心清才能虛靜，能清靜才能無為。我們看看大年除夕夜，成千上萬人在寺廟外，等著新年到來的那一刻，上第一柱香，求平安發大財。大家爭先恐後，甚至動手推人，這種自私、自我而有目的，「有為」的祈求平安，能有功德嗎？

放下吧！

有一個自以為很有學問的人，來拜訪禪宗高僧，他一進門就說：「我空著手來求道。」高僧說：「放下吧！」

那人不明白，問道：「我沒有拿什麼東西來，要放下什麼呢？」高僧不客氣地說：「那你就帶著吧！」高僧是要他放下內心的執著。

有一位比丘，雙手拿著鮮花，來到釋迦牟尼的面前，準備獻花請求開示。佛陀說：「放下吧！」比丘放下左手的花。佛又說：「放下吧！」比丘放下右手的花。佛又說：「放下吧！」比丘不明白地問道：「我的花都放下了，還有什麼可以放下的呢？」佛說：「放下你的外六塵、內六根、中六識、捨去一切，才能見到自己的本性。」

人的心靈本來是清明寂靜的，因為受到私慾所隱蔽，而昏昧紊亂。只有屏除心智，順其自然，克制私慾，使心體回復本來的清明寂靜，才不致於為紛雜的外物所干擾，才能觀察出萬物的演化歸根，才能悟道修禪。

求學問求知識是好事，然而當知識天天增加了，虛偽詭詐，憂愁煩惱就隨之而來。人如果自以為很聰明，就整天活在煩惱慾望的束縛之中，不能自己。有時事情過去了，還是念念不忘，全不知道放下的快樂。我們看看嬰兒，嬰兒因為不高興而啼哭，可是沒過多久，他們就嘻嘻地笑起來了，完全不記得剛才不愉快的事。

有一個叫華子的人，得了健忘症。剛出門就忘了回家的路。現在記不得從前，以後又忘了現在的事。他在路上指著一間房子，問一位婦女：「這是哪裡啊？」那女人說：「這是你的家，你怎麼忘記了？」華子又問：「妳長得很美，叫什麼名字呀？」那女人聽了很不高興地說：「我是你老婆呀！怎麼連我也忘記了！」華子的妻子很煩惱，四處尋找名醫。誰要能治好丈夫的病，願意把一半的財產給他。一天，一個高人來了，他說：「華子的病，並不是什麼占術、法術或是藥物所能治療的，你讓我把他帶走，和我單獨住七天，我看看能不能改掉他的思想，治好他的病。」

七天之後，華子的病好了，他的妻子和孩子都很高興。可是誰知道華子病好了之後，變得動不動就愛生氣，把妻子趕出家門，對兒子任意地打罵，又拿著菜刀，到處地追殺人。人們感到奇怪，於是問他：「你的病好了，為什麼變成這個樣子？」

華子說：「以前我患有健忘症，坦坦蕩蕩，心中連天地都不放在心上，哪有什麼煩惱之事呢？可是現在恢復了記憶，生死得失，喜怒哀樂全部隨之而來，天天處在煩惱之中，因此言行變成喜怒無常了。」

人懂得越多，就越貪心，越執著，嘴裡說「看破」，其實看得破並不表示放得下，怎能不煩惱呢？

放下吧！

壽命的意義

這是一則寓言：上帝製造了驢子，對牠說：「你從太陽出來的時候，一直工作到太陽下山，背上負著重物，永遠不可以感覺到疲倦。你沒有智慧，一生吃草，我讓你活五十年。你是一隻驢子。」

驢子說：「我願意成為驢子，但是五十年的壽命太長了，請你給我二十年就好！」於是上帝給牠二十年壽命。

上帝接著創造了狗，然後對狗說：「你將是人類最忠實的朋友，替人類看門，人類給你什麼，你就得吃什麼，你有二十五年的壽命，你是一條狗。」

狗回答說：「上帝啊！二十五年的生命太長了，給我十五年就夠了。」於是上帝給它十五年的壽命。接著上帝創造了猴子，然後對猴子說：「你將從一棵樹跳到另一棵樹，整天做一些愚蠢而滑稽的事情和動作，人們以你取樂，而你將有二十年的壽命。」

猴子說：「上帝，二十年太長了，請你給我十年吧！」上帝給了牠十年的壽命。最後，上帝創造了人類，他對人說：「你將是一個人，是世界上唯一有理性的動物，你將利用你的智慧，去制服其他的動物，你也將統治和支配整個地球，你的壽命是二十年。」

人是最貪心的，他向上帝請求道：「上帝啊！我當然願意成為一個人，但是這麼聰明的人只活二十年實在太短了。為什麼您不將驢子所不要的三十年，狗所不要的十年，還有猴子不要的十年都給我？」上帝想了一想，也答應了。

從此以後，人就活了像人一樣的二十年，然後進入成年，花了三十年，像驢子一樣辛苦地拚命工作，背上負著大包袱，做牛做馬。然後，當孩子們長大離開了他，他過了十年，像狗一樣地看守家門，人家給他什麼，他就只能吃什麼。最後他再花上十年，像一隻猴子，從一個孩子的家跳到另一個孩子的家，做一些傻瓜所做的事情，來娛樂自己的孫子。

我們的一生，可分成三個階段。第一個階段是孩童時代，一切由父母作主，父母要你做什麼，學什麼，你就得照做，沒有選擇的餘地。第二個階段給了孩子，為家庭為孩子所拖累，賣命工作，沒有一點自己的休閒時間。第三個階段本來是給自己的，可惜已經身心疲憊，百病叢生，拖著一個半死不活的身體，心有餘而力不足，等待著人生四部曲中的三部：老、病、死。

我們看看唐伯虎的兩首詩：

其一：「人生自古七十少，前除幼年後除老。中間光景不多時，又有陰晴與煩惱。到了中秋月倍明，到了清明花更好。花前月下得高歌，急須漫把金樽倒。世上財多賺不盡，朝裡官多做不了。官大錢多身轉勞，落得自家頭白早。請君細看眼前人，年年一份埋青草。草裡多多少少墳，一年一半無人掃。」

其二：「人生七十古稀，我年七十為奇，前十年幼小，後十年衰老。中間五十年，一半又在夜裡過了。算來只有二十五年在世，受盡多少奔波煩惱。」

唐伯虎是明朝的大詩人、大畫家，自稱是江南第一風流才子，只活到五十二歲就死了，英年早逝。

壽命的意義是什麼？

心跳與養生

人的出世叫做「生」，入地叫做「死」，這就是所謂的出生入死。

老子認為人出世後，能夠自然成長而長壽的，十個人之中有三個。短命夭折的，十個人中有三個，過分貪心勞累而踏入死亡路途的人，又十個人中有三個。剩下的十分之一，才是懂得養生的人。

其實在現今社會裡，這個比例早已經不存在了，要到哪裡去找尋那十分之一的善於養生之人。如果一個人得到的奉養太過豐富，享受得太多，反而害了自己生命。自古以來，人們都渴望長生不老，以便享盡人間的幸福。歷史上帝王將相，也都為了長生不老，遍訪神仙高人，求取靈丹妙藥，就是不懂得養生。

養生之道，在於知足常樂，不爭不搶，退守保全，清心寡慾，清靜無為，順應自然，還要有仁慈奉獻之心，因為奉獻是一種快樂，有益於身心的健康。

人的心停止跳動，就是死，所以，動物的壽命長短，和心跳的速度次數有一定的關係。以心跳的平均次數來看，體重五十噸的鯨魚，每分鐘七次，體重三公噸的大象，每分鐘四十六下，體重七十五公斤的人，每分鐘七十下。一點三公斤的貓，每分鐘二百四十下，體態輕盈只有八克重的煤山雀，心跳每分鐘一千二百下。心臟的強弱，左右著壽命的長短。大型動物心臟功能較強，心跳次數少，心臟相對的休息時間就長，所以壽命長。一天到晚煩累憂鬱，焦慮恍惚的人，當然他的心跳頻率和次數比別人要快上許多。

以人的壽命七十歲來計算，安靜時年均心跳速度是每分鐘七時下，一生中大約跳了二十五億八千下。一個經常進行體能訓練的人，平時每分鐘心跳五十至六十下，七十年共跳二十億二千二百萬下，加上每天運動一小時，運動時每分鐘心跳一百五十下，一生心跳總數也不過是二億六千下。算起來運動員或健康的人，他們一生心跳次數比一般人少五億下，可以多活九歲。

所以說，一個人如果一天到晚，為了追求物質享受而奔波、勞累、煩惱、生氣、憤怒、緊張、妒嫉、懷恨、憂傷，那麼他的心常常因此而跳得快，這樣還不到五十歲，他其實已經把七十歲前的心跳次數給跳完了。動物冬眠時，心跳特別慢，北美洲的土撥鼠，每年八月到次年三月冬眠，當它的身體捲曲在洞穴中時，心跳從每分鐘八十下減到五下。人類如果也能冬眠，保持心靜，根據統計，可以活到一千四百歲。道家養生之功，以氣為首，氣是什麼？有物混沌，寂靜而空虛。人之所以能生，是因為氣的聚積，氣聚便是生，氣散就是死。所以說氣能養生，氣功靜坐，修禪都是靜功，又叫做性功，性是指性情、心智。心與性同一，性為心之本，心為性之用。養生就是養心養性。心神性情是人類最不容易把持的，沉溺於名利情慾之中者，氣血虧損，心跳不定，早衰病夭。

心靜、心定、重心在氣，氣就是呼吸的鍛鍊，當我們感覺到很緊張或痛苦，深呼吸可以緩和情緒，減少痛苦。人的口和鼻為天地之門，以吐納陰陽生死之氣，意想太和元氣，周身流暢轉動，五臟四肢得以潤澤，耳聰目明心靜，疾病自然離去。

人的心本來是清靜的，可惜私慾卻一直牽制著它。把私慾拋開，心自然靜下來。所謂一念動時皆為火，永珍寂處即是春。念動就是心動，心身能不動，便是虛靜。在這個煩囂的世界裡，工作之餘，靜坐深呼吸一下，調整自己混亂的神經，讓精神得以恢復，重振生機。

生命只有在靜觀中才能看到它的美。人的煩惱，往往是來自自我意識的干擾。因為人自己混亂的心境和習慣，干擾了自己。靜坐可以知道自己平日的浮氣，守默可以知道自己平日的言躁，反省可以知道自己平日是否濫交，寡慾可以知道平日的病多。

一個真正懂得養生的人，任何憂愁禍患都不會停留在他的心上。什麼事都不會太勉強，一切順應自然。就像一個牧羊人一樣，只拿鞭子輕輕地抽打在羊群後面的羊，而不是鞭打每一隻羊。能夠道德兼融，心性雙修的人，才是養生之人。

嬰孩的天真自然

古時候把善於養生修道的人，叫做「真人」。真人的標準：一是忘懷於物，二是淡情寡欲，三是不計生死，隨物而變，應時而行，四是天人合一。

真人所推崇的是嬰孩的天真，「自然純樸」。道家喜歡師法自然，自然是本性，是一種最好的生活態度，是最高的人生境界。「自然」兩個字本來是很容易了解的，可是後來經過了許多學者多次解釋，越來越難懂了。其實自然就是自然而然，沒有半點人為。

自然的「自」是自己的意思，然是指這個樣子，本來自己這個樣子，像嬰孩一樣，本來的樣子，天真自然。嬰孩不高興時就放聲大哭，一下子又高興得嘻嘻大笑。天真自然，超然物外。嬰孩純潔無邪，不識不知，柔弱和順，無心無欲，他的筋骨雖然柔弱，但是小拳頭握起來卻很緊。整天號哭，嗓子卻不會沙啞。嬰孩不會有傷害他人的心，看到猛獸，會用手去觸牠們的鬍鬚，摸牠們的臉，而一般來說猛獸也不傷害嬰兒。（以前修行人在山洞中靜修，與猛虎共眠之事，並不足奇。）

孩子長大了，嗜好與慾念日深，詐偽日增，原有的純潔厚德，也慢慢地消失了。如果我們滴一滴墨水在紙上，十個大人看了便會說：「一滴墨水滴在紙上。」而十個小孩看了，卻爭先恐後地說：「一隻甲蟲在爬」、「是一個不圓的月亮」、「一個釘在牆上的釘子」等等。為什麼孩子的眼中所看見的，有那麼多現象，而大人卻看不出來？這是因為大人們看的，聽的已經太多太多，他們的思維已經禁錮在那個思維模式中，所有的想法思路都是根據經驗，或是有據可察的文字，他們才會認為正確。

當我們遇到猛烈的震動時，最好的方法是抱住一根柱子不動，然而當我們還沒有抓住這一根柱子時，又想抓住另一根柱子，最後將自己推進災難深淵之中。我們看看嬰孩，在散落地上的許多皮球中，只追逐其中一顆，得到手為止，而大人卻是東追西逐，一顆也拿不回來。

人懂得越多，就越貪心，有時連好的壞的也看不清楚。有三個商人，都在市場上賣藥，其中一個賣好藥，根據藥的品質定價，價格不高也不低，名為「不二價」、「童叟無欺」。另一個商人，不論好藥壞藥都賣，至於價格方面，高價低價可以迎合顧客的要求，顧客說好他也說好，顧客說不好，他也說不好。第三個商人則是專門賣劣藥，只要多買就降低價格優待，顧客要求多加一點，就多加一點，從不計較，於是人們都爭著來買他的藥。不到一年，第三個商人賺了大錢，那個好藥壞藥都賣的商人，勉強可以維持生計，到了第三年也發了財。只有那個專賣好藥的，門可羅雀，三餐成了問題。

六〇年代，新加坡芽籠士乃的「人民百貨公司」從中國進口一種銅製的手環，聽說戴在手腕上，可以袪風溼降血壓，手環有磁性，對身體有保健作用。每個手環本錢一角半，因此零售價是八角，可是一直沒有人來買。後來人民百貨公司的經理吳必友，靈機一動，提高每個手環的標價十二元，不到兩天，全賣光了。大家認為幾角錢的東西，哪會有什麼醫療功效？

我們常說：「別騙我了，我又不是三歲小孩！」您是小孩嗎？

一滴水

這就是文明

古之哲人都推崇嬰孩的「天真自然而無雕飾」。嬰孩的純真，正是我們學習返璞歸真的對象。

天真自然不等於幼稚，但真正的幼稚卻是可愛的。法國哲學家蒙田說：「來自無知的錯誤，並不會使我生氣，使我生氣的是矯飾。」真，就是精誠所至。不精誠，就不會感動人。哭得凶，雖悲而不傷；勉強發怒的人，忿而不威。勉強親近的人，雖然臉上有笑容，卻不和藹。真正的悲傷是無聲的哀痛，真正的憤怒是不發火也有威嚴。真正的親近是不必笑也和藹。哭聲最大的不是孝子，滿臉笑容的常常笑裡藏刀。悲而不哀，笑而不和者，都是虛情假意。

孔子對嬰兒的純情無邪非常的讚賞，他讚美嬰兒的一切，甚至把嬰兒的聲音比喻為最美的音樂。孔子討厭大人的狡猾，他說：「人的心，比山川還要險，比天還要難以推測。天有春夏秋冬，四季的變化，早晚的區別，一目了然。而人的內心，卻深藏在外貌的後面，讓人無法了解。」

因此孔子提議君子要任用某人時，先用九種方法去試探他，看他是否適任。

這九種方法是：

（一）遠離他，看他是否忠心。

（二）親近他，看他是否有禮。

（三）吩咐他做繁雜的事，看他是否有才能。

（四）突然間盤問他，看他是否多智。

（五）給他急促的限期，看他是否守信。

（六）委託錢財，看他是否有仁心。

（七）告訴他危險的事，看他是否會變節。

（八）讓他酒醉，看他是否守法。
（九）處他於混亂的地方，看他是否會淫亂。

孟子說：「大人者，不失其赤子之心也。」這裡所謂的大人，當然不是孔子所說的工心計狡猾的大人，而是不為利慾所誘的君子。為什麼大人的心這麼複雜？因為人類隨著文明環境的不斷發展，不但遠離了自然的本性，拋棄了赤子的天真，使得人與人之間沒有了真誠，沒有了理解和同情。大家逢人只說七分話，不露真情，世故圓滑，爾虞我詐，虛偽做作，這樣下去，坦誠的個性反而會被人認為是粗野，天真的思想反而會被人認為是幼稚。於是大家善於敷衍，說謊代替了修養。

魯迅有一篇散文，談到人與人之間的虛偽關係。他說，有戶人家生了一個男孩，全家人都很高興。小孩滿月的時候，親友一起前來祝賀。孩子被抱出來給客人看，想討個好彩頭。一個客人說：「這個孩子將來會發大財。」大家都很感謝他的美意。另一個說：「這孩子將來會做官。」大家聽了很開心。另一個客人說：「這孩子總有一天要死的。」

於是大家合力把這客人打個半死。說要死的是正確的，是必然的，有誰不死呢？說孩子富貴的，是在說謊。但是說謊的得到好報，說必然發生的事反而得到一陣毒打。

我們把返璞歸真，能回到嬰孩的純真，稱為「大智若愚」。蘇東坡說：「人皆養子望聰明，我被聰明誤一生。唯願孩兒愚且魯，無災無難到公卿。」

聰明的反面不是笨蛋而是「糊塗」，鄭板橋常寫「難得糊塗」四個字，魯迅認為「難得糊塗」的人，實際上是最清醒不過了。事情看得太明白了，太清楚了，太透澈了，對其中緣由又無法解釋，無可奈何，倘若解釋了，更生煩惱，於是便裝起糊塗來，順其自然，這對個人的功名利祿的問題，未嘗不是一劑良藥。

人的一生，好像一直得不到休息，為什麼呢？為來為去只有四事：一為壽，二為名，三為位，四為錢。為了在這四個面向上取得成功，所以自然就畏懼短壽，畏懼威名，畏懼地位，畏懼刑罰，然而即使這四樣都得到了，卻也未必是快樂的。

人類的知識越來越豐富了，科學越發達了，人心越來越險惡。工廠的煙，汽車的氣，大氣層及臭氧層被破壞了，空氣被汙染了，森林被砍伐燒光了，鳥、獸越來越少，不少品種面臨滅絕。水被汙化了，最後地球終於被人類的聰明才智所破壞。人類的文明，表面上看起來是在謀幸福，實際上是在為自己挖墳墓。文明是什麼？

一方面用聰明才智，創造大量的先進武器，在戰場上殺人，一方面又生產大量的靈丹妙藥搶救病人；一方面建造龐大的自來水廠沉澱清潔用水，一方面又汙染水源；一方面打太極拳養生防老，一方面拚命抽菸吸毒害人害己，大吃大喝縮短生命。

這就是文明。

福禍無常

世間事，福禍是無常的，善惡也沒有一定的標準。一般人不曉得這個道理，對事情只看到一個正面，而不能深入一層地看到反面。所以，往往求福而得禍，遇善而為妖。

老子說：「禍兮，福之所倚；福兮，禍之所伏。」就像《淮南子》的「塞翁失馬」故事一樣。

塞上有一老翁，不見了一匹馬，鄰居們都來安慰他，塞翁說：「這焉知不是福呢？」幾個星期後，這匹馬回來了，還帶了另一匹駿馬回來。鄰居們都來向他道賀，塞翁說：「這焉知不是禍呢？」果然幾天後，他的兒子騎上那匹駿馬被摔下來斷了腿。鄰居們又來安慰他。塞翁說：「這焉知不是福呢？」一年後，胡人大舉入塞，壯年都被拉去當兵打仗，死掉的十之八九，只有老翁的兒子因為跛腳，不必當兵，能夠留在家裡，平安無事。

從前有一對父子倆，愛好行善，三代都不曾鬆懈過行善的善舉。可是有一年，不知道什麼原因，家中的黑牛生出了白色的小牛，因此父子二人向前輩請教，前輩說：「這是吉利的事。」過了一年，做父親的突然間眼睛瞎了，黑牛又生了一隻白牛。兒子感覺到很不安，再去問前輩：「以前前輩說是吉祥的事，現在父親的眼瞎了，難道這還算是吉祥嗎？」前輩說：「是啊！這是吉祥的事，去祭神還願吧！」

兒子回來告訴父親，父親照做了。過了一年，兒子又無緣無故地瞎了眼。不久後，國家遭到外敵入侵，首都遭到包圍。這個時候，人民叫苦連天，互相交換孩子，殺死來充飢（易子而食），劈開骨頭當柴燒，青年壯年戰死了，老弱病童也上城守衛，牢牢把守城都，敵將大怒，攻破城池，許多守衛城池的人都被殺死。這對父子因為是瞎眼，所以沒有上城把守。後來軍隊圍困解除了，父子二人的眼睛又重見光明。

在現實生活中，有些事情是不可思議的。災禍裡面未必沒有暗藏著幸福，幸福裡面又未必沒有潛伏著禍害。一般人對事物，只能看到已經成功的局面，而不能預料到它的將成之勢。好就是好，壞就是壞，禍就是禍，福就是福。是福就不是禍，是禍躲不過。從事物的正面，看到它的反面，在好事中發現壞事，在壞事中看到了好事。

范仲淹當太守時，有個書生來拜見他，說：「我認為天下沒有比我更挨餓受凍的人了。」當時世人都十分喜歡歐陽詢的字，一本〈薦福寺碑〉墨跡就價值一千兩黃金。范仲淹準備為這個窮書生拓印一本，讓他在京城出售。紙墨都已準備好了，一天傍晚一聲雷響，把字碑擊碎了。這個書生不能看清義理，安分守貧，希望得到價值千金的墨本，希望一下子就脫離貧困，卻不知道違背了道義進行強求，反而導致字碑被雷擊碎，從而招致了禍患。沒有良好的道德，而遇到突如其來的好事，必招來災禍。是你的就是你的，不是你的強求也沒有用，即使得到了也不能長久擁有。

韓非子曾經對這個「禍福無常」的思想，做過這樣的解釋：「人如果害怕招惹災禍的話，心裡就會懷有畏懼之心，心裡有這種畏懼之心，在做事的時候，就會小心謹慎，品格和行為都趨於端正，思想也隨之成熟，遠離禍患，安居樂業，身心康泰，以盡天年。」人有了福就會富有而高貴。富有而高貴的人，事事求完美，驕傲之心自然而然地，不知不覺中產生出來。當一個人被驕傲之心所占據時，行為就會產生偏差，做壞事，遠離了真理，甚至身敗名裂。

要享福，必先救禍

以前的人，如果卜卦卜得了吉祥卦，就是好兆頭，但是見到了好兆頭而不去做好事，那麼福就不會來了。如果卜卦卜得了凶象，代表不好的事要來臨，但是見到了不好的預兆卻去做好事，那麼即使有禍患，也不會對人有什麼害處了。《菜根譚》說：「處世讓一步為高，退步即是進步的根本。待人寬一分是福，利人實是利己的根基。」

天要嫁禍於某人時，肯定會先給他一點福氣，讓他驕傲自滿，看看他是否能夠承受這份福氣。而老天如果要降福給某人，也必定拿點小災禍來提醒他，看他能不能自我擺脫。無論是福是禍，它們的到來，是必然的。世界上，沒有永遠的福，也沒有永遠的禍。知道了這一點，我們就可以在福中居安思危，而一旦遇上了倒楣的事，也應該對前景充滿著希望。

有一家鋼琴店，在標價時把鋼琴的價格寫錯了，少寫了小數點前的一個零。正巧一位顧客看中了這架鋼琴，堅持要按標價買琴。如果賣琴，商店肯定吃大虧，如果不賣，又因為已經標明價格，勢必引起爭執。於是經理決定賣琴，並對顧客說：「既然是我們的錯，那就把利益送給您，絕不能讓您失望。」這位顧客大為感動，便開始到處宣傳。於是一傳十，十傳百，新聞媒體也聞風趕來，結果把這家琴店炒得紅透半邊天，使它贏得了空前的好名聲，賺取了非常可觀的利潤。

正所謂「無心插柳柳成蔭」。

宇宙萬物是輪流週轉不息的，所謂「風水輪流轉」，在這個大循環之中，有無數的大小變化，世事無常，不是人所能預料的。「若要享福，必先救禍。」

勢不可使盡

佛教禪宗有一戒語，就是「勢不可使盡」，因為勢若用盡，禍一定來。人們很容易順著某種時勢去做事，而當人在非常順心、非常走運的時候，往往已經埋下了毀滅的種子。事業達到巔峰時，也就是他一生中最危險的時期。「君子當權時要積福，只有小人才會仗勢欺人。」

福也不可受盡，福若受盡，緣分必斷。魚在上鉤時，只看到魚鉤上的魚餌，而沒有看到魚餌後面的鉤。

人也是一樣，對能夠得到的東西，貪圖不知休止，不知其界限，終於招致大禍。古人說：「君子之澤，五世而斬」，意思是說，無論官職有多大，財力有多雄厚，充其量也不過維持三、五十年而已，在三、五十年之後，通常就會有很大的變化。富貴和貧賤之間，交替變化，不可能永遠跟隨著你。富貴是無情之物，你看它越重，它就害你越大；貧賤則是耐久之道，你待它越好，它就益你越多。將自己應該做的事情盡力盡心地做好，並且在做事中得到一種快樂和滿足感。

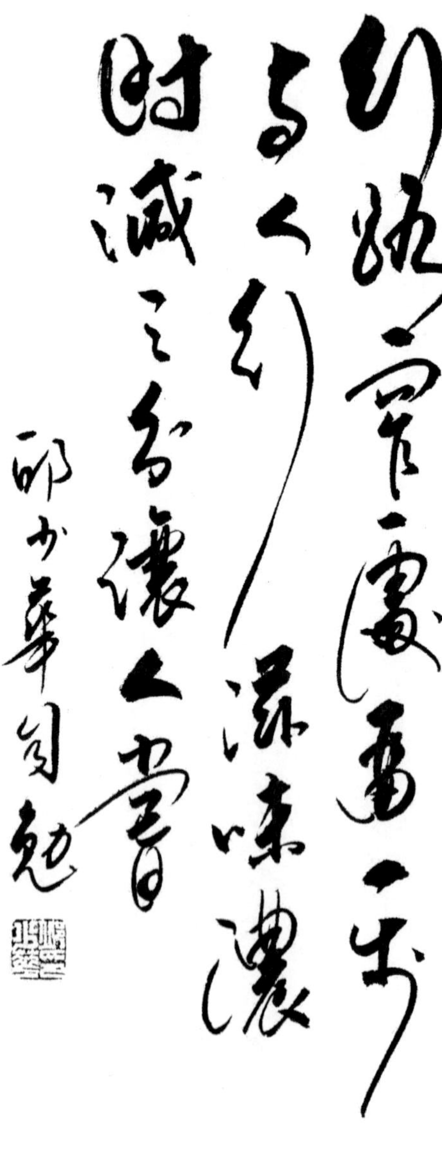

行路窄處，留一步與人行。滋味濃時，減三分讓人嘗。

吝和嗇是兩回事

「吝嗇」兩個字，應該分開來說，因為吝和嗇是兩回事。

以錢財來說，「吝」是無論有多少錢財，一分也不肯施給別人，只是自己一個人享受。「嗇」是衡量錢財的多少，而加以節用。所以嗇是愛惜節儉的意思。治人、事天，全在一個「嗇」字。嗇就是儉，儉嗇的人，才能修養天機，聚蓄精神，達到純真樸素的境界。

治人修身，最好的方法莫過於愛惜精神，節儉知識，愛惜、節儉都是嗇，是積德。意志行為高尚，清靜無為之士，他必須是教誨化人，四處遊歷者，有施行仁愛、節義、忠誠、信實、恭敬、儉樸、虛心、謙讓等美德，同時懂得修練、呼吸、吐納、倒掛樹上若熊，伸足空中若鳥等保身長命技巧。而真正天地的正道，聖人的美德是能做到「不磨練意志而行為自然高尚；不稱說仁義而自然有修為；不建立功名而天下自然太平；不隱居江海而自然優遊閒散；不導引練氣而自然身強命長；忘記一切、澹泊無欲而所有美好的事，都會隨之而來。」

人間生死、得失、富貴、君子、小人、毀譽、飢渴、寒暑等，全都是事物的變化，日夜循環不息，只有懂得順其自然，本性才不會受到干擾。

治大國如煎小魚

治理大國，就像烹煮小魚一樣，不能常常翻動，因為翻動得太多，小魚就破碎了，所以要清靜無為，不能政令繁多苛刻，否則人民不堪其擾，國家就混亂了。

有道的人治理天下，臨蒞天下，天神人鬼都能各安其位，各有所序，這樣不僅鬼不會作祟傷人，神也不會傷害人。在上位的國君和下位的人民，都不互相傷害，人民便能安寧生活，修德歸化了。

老子用烹煮小魚來比喻治理國家，希望國家領袖的政策，不要太多太繁，不要朝令夕改。因為朝三暮四的政策，受害的還是人民。人民只要各安其位，各司其職，不需要求福於鬼神的保佑。鬼神是從來不會害人的，我們身為人，只要問心無愧，根本不需要害怕鬼神，只有人，才會傷害人。

人民就像小魚一樣，烹煮者唯恐它不熟，不斷地翻動，小魚經不起折騰，當然爛碎不堪。勞工每次變動工作地點，他以前所做的勞動必定要事倍功半。一個人一天浪費半天時間，一萬個人就要浪費五千人一日的工作。國家的法令更改了，利害關係也就跟著變化，人民的工作情緒也跟著低落。收藏貴重的器物，如果不斷搬運，損傷的地方就多。政令多，賦稅繁重，人民不得安樂，產能遭到破壞，生活貧困，國家自然衰敗。

但是清靜無為又怎能治理天下呢？無為並不等於不為。治理大國就像在井裡打水，千萬別把整口井水都擾動，攪得越厲害，殘渣敗葉就越多。只有不動盪井水才清潔，只有不動盪社會才太平。

「治大國如烹小鮮」已經成為了歷史上的一句至理名言，美國在一九八七年也開始在國情中善加利用。

日本許多企業家更是把它當作寶。一個人做事敏捷，行為果斷，通情達理，勤奮好學，並不一定可以成為一個稱職的主管。因為果斷而變得盲目，因為敏捷而流於輕率；因為通達而變得不執著；因為勤奮而擾亂心神，無事生事；因為聰明而被聰明所誤，這樣的人很多。聰明的人常做出愚蠢的事，虎豹就是因為牠們的皮毛花紋美麗，招來了捕殺之禍，猿猴也因為敏捷，所以被人抓來耍把戲。

一個稱職的領導人，有功於國家社會或公司，卻把這些功勞看得與自己沒什麼關係；有恩於國家社會人民，卻不讓別人覺得自己在依靠他；自己的道德無與倫比，卻不容易讓人感覺到；自己立於深不可測的地位，卻是平易近人，絲毫沒有超乎常人的狀態出現。大國應該像江海一樣，居於低下的位置，成為天下人所匯歸之所。（人類能否和平共處，主要是看大國的態度而定）天下的母性、雌性動物，常常以柔弱安靜的態度，去取勝剛強躁動的雄性動物，那是因為牠們以靜為下。大國能對小國謙下有禮，就能取得小國的信任，而甘心歸服於他。如果小國也能對大國謙下有禮，自然也可取得大國的包容。

無論是謙下以求小國的信任，或是謙卑以求大國的包容，大國不過是要懂得兼備、包容、等視對待小國，而小國不過是要想受到大國的庇蔭而已。因此，為了達到目的，兩國都必須謙下為懷，各得其所欲。

無為

當然，世界上的事情，最怕的就是分大小，你大我小，你多我少。所以那些大的，得到多一點的人一定要謙遜。一般人都以為，大的國家攻取小國，是順理成章的事情，而小國攻取大國，則是逆理之事。這是錯誤的觀念，既然有了大小之分，那麼大家就應該各自量力，小國以謙下來保全自身，大國以謙遜使人歸順。

在動物之中，包括人類，表面上看起來，好像是雄性高大、強壯，而實際上無論是耐寒、耐熱、耐飢、耐苦任何一方面來講，都是雌性比較強。雌性之所以強過雄性，就在於安靜、柔弱。如果逞強爭勝，小國固然要滅亡，大國也難以維持長久。因為恃強凌弱，以大欺小，以眾欺寡的結果，往往引起天下的叛亂，最後還是要滅亡。羅馬帝國和中國的秦始皇，就是最好的例子。如果要求富貴的人不驕傲，或許容易一點；但要求貧賤的人不自卑，那就難了。故而小國謙下容易，大國謙下就難了。

一個大國與一個小國的君主一起在城外打獵，小國君主問道：「你的國家是個大國家，有寶物嗎？我的國家雖然小，卻有直徑一寸長的珍珠，一顆就能照亮前後二十四輛夜行車，像這樣的珍珠，我有十顆。難道像你那麼大的國家，會沒有這樣的寶物嗎？」

大國君主說：「我對寶物的看法和你不同，我有個大臣，派他駐守北邊城池，他國不敢來侵略，周邊十四個封地的人都前來向我國朝拜。我有一個大臣，派他駐守南邊的城池，敵國便不敢來此捕魚。我有另外一個大臣，派他駐守與邊疆兩國交界之地，那兩國都對我十分敬慕，要求加入我國國籍的有七千家之多。我還有一個大臣，派他維護治安，我的國家路不拾遺。這四個大臣的光輝都能遠照千里，豈止能照二十四輛車而已。」

平淡的美

美好的語言可以獲得人的尊敬，美好的行為可以使人高人一等。美言美行的美，是指修身的善人，無為的美。要實現自然的美，就必須無為，人為、人工雕琢了以後，就破壞了自然。一個修行的善人，應該不磨勵而志向高尚，不講仁義而有修養，不求功名而能治國，不處江海而心境清閒，不事養生而能高壽，自己無所不忘，無所不有，無為至極，眾美薈萃。

真正的美，是不帶人為人工的痕跡的。太過美了，就不一定是最美。有兩個畫家比賽畫技，看誰的畫最美。兩人以逼真著稱，他們在雅典的一個廣場，當著數以千計的市民面前一較高下。第一個畫家先登臺，他手中夾著一幅用精緻包袱包著的畫，當眾開啟展示，只見畫中一個小孩，頭上頂著一籃葡萄，站在田野之中。那孩子活靈活現，眼睛好像會說話，籃裡的葡萄在陽光下晶瑩欲滴。正當眾人拍手喝采時，突然有兩隻鳥從空中飛下來，撲到那畫面上去啄那些葡萄。大家都熱烈地鼓掌叫好！

第二位畫家上臺了，他笑嘻嘻的，夾著一個裹著畫的包袱，把包袱往桌子上一放，若無其事地看著觀眾。眾人急不可耐，紛紛高喊，要他快點把包袱解開來。畫家只是把雙手叉在腰間，依然微笑著，並不解開包袱。大家急了，有人生氣了，大聲叫道：「喂！快把包袱打開，拿出你的畫來比一比！」畫家很平靜地，指著那包袱說：「諸位，我的畫並沒有用包袱包著，它早就擺在大家眼前了，請欣賞吧！」觀眾仔細一看，才知道他畫的原來是一個包袱，大家頓時感到十分震驚，千百雙眼睛都被他騙了。這就是自然美的另一個高峰。

平淡就是一種最高的美。平淡也像醇酒一樣，表面上看起來樸素平淡，喝起來卻非常有味。有些人驟然間看起來並不吸引人，而越看就覺得越有韻味。花枝招展的人，起初有如眾星捧月，妖豔動人，久了魅力就逐漸消失了。美就像吃橄欖一樣，剛入口時不覺得怎麼樣，越嚼卻越有味道。至美則醜。

人格和精神的美，遠超過形體的美。有一群小豬在剛死的母豬身上吸奶，不久後都驚慌地離開母豬。因為母豬已經失去了知覺，不能像活著時那樣撫愛自己的孩子。可見這群小豬之所以愛母親，不是母親的形體，而是愛她那主宰形體的精神。在戰場上戰死的兵，入葬時不必用棺材；腳被砍斷的人不再珍惜原先的鞋子，這些都是因為失去了根本。

世人對美醜、善惡的判定是越來越模糊了。天所認為的小人，在世人眼中是君子；世人所認為的君子，是上天眼中的小人。

無所為而為

高人應該懂得，以無所為而為，無所事而事，以恬淡為味。他能把一般人認為小而忽略的事，看到它們可能將要發展成很大的情況，而預先作好準備。視小為大，視少為多，以德報怨。天下的難事，必從容易的時候做起，大事也必從細微的地方做起，這是因為天下的難事，從容易而來，大事從小事而來的緣故。所以聖人始終不自以為偉大，因此能夠完成大事業。凡是輕易承諾的人，一定缺少信用。凡是把事情看得太容易的人，一定遭到很多困難。所以把容易的事也看得困難，這樣始終沒有什麼困難產生。荀子在〈勸學〉篇中，有一段話可以解釋「有所為而為，無所為而為」。他說蚯蚓沒有銳利的爪牙，也沒有強勁的筋骨，只是一隻軟體動物，但是堅硬的土地遇上了牠，就變得鬆軟。牠面向黃土地，背朝天，種田的人都知道，蚯蚓多的土地裡，土壤必定容易翻種。

這麼一隻軟綿綿的東西，吃的卻是我們一咬就害怕的沙土。牠為什麼這麼厲害，就是因為缺少了我們人類的兩條腿，不能東跑西跳；缺少了我們人類那張只講不做的嘴，不會大吹大擂。牠一心一意，專心地過著恬靜而無為的生活。

反觀螃蟹就不同了。牠有六隻腳加上兩隻堅硬的螯。這麼多隻腳又有什麼用？連自己棲身的洞穴也不會挖，一輩子寄人籬下，擠在蛇或鱔魚的洞裡過日子，要不然就是寄生在其他動物身上，叫做寄生蟹。牠那八條腿到處亂跑，浮躁好動，雖然有為，最終卻是一事無成。

眾人是有所為而為，有所事而事，味有其味，以大為大，以小為小，以多為多，以少為少，恩怨分明，以怨報怨。容易就是容易，困難就是困難。而聖人處事與眾不同，事雖小而能識其大，物雖少而能識其多。別人對我有怨恨，我用恩德來回報他。難生於易，大生於小，星星之火，可以燎原。涓涓之流，可以成災。把事情看得太輕易，隨便承諾別人，終於困難重重而失信。寒山問拾得：「世間人謗我、欺我、辱我、笑我、輕我、賤我、惡我、騙我，如何處置乎？」拾得說：「你只要忍他、讓他、由他、避他、耐他、敬他、不要理他，再過幾年，你且看他。」以德報怨，是最高的修行，最高的美德。只有一派自然的人，才能做到受辱而不發怒的境界。

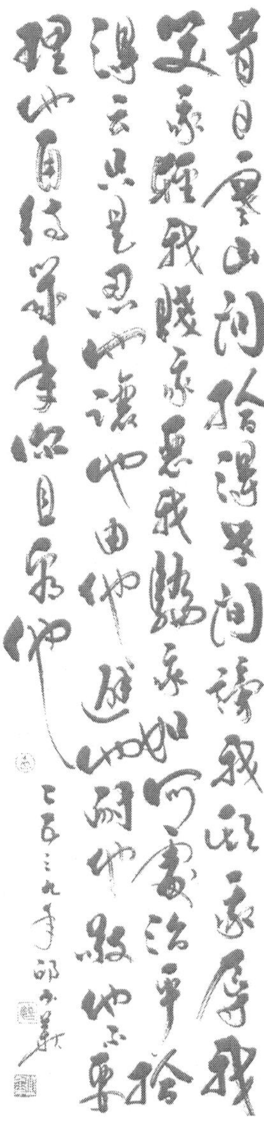

慎終如始

在安定的情況下，是比較容易持守的。當事情還未見到徵兆時，也是容易圖謀計劃的。脆弱的東西，容易把它分解。微小的東西，也容易散失掉。所以在事情還沒有發生之前就先處理，便容易成功；在天下還沒有作亂時開始治理，就容易平定。

一棵大樹，是從細小的嫩芽生長起來的。九層高臺，是由一筐一筐泥土建築起來的。千里的遠行，是由腳下一步步走出來的。這些道理，都是順其自然，如果有心作為，就有所失敗；固執己見，必有所喪失。無所為而為的人不會失敗；不執著孤行的人不會喪失。普通人做事，常常到快成功的時候，就失敗了。能夠在事情快完成時，還像開始時那麼小心，始終如一，才會成功。

我們做任何事情，都希望有始有終，我們說：「好的開始，就是成功的一半。」小樹容易扶直修正，大樹只好任由它歪斜了。教育也是一樣，孩子的基礎最重要，錯誤和疾病，要在開始時就根治它。千里之堤，潰於蟻穴；萬丈高樓，焚於火星。事情還沒有顯現出明顯的破壞時，容易防患，容易補救。災禍還未來臨之前，做好防備，這就是「慎於開始」。人在呼風喚雨，慶祝成功時，很少有人注意到福禍相依的哲理。

許多絕症，在開始的時候，一定會給你預兆，只是人太忙了，寧可貪圖眼前的享樂，也不去理會它，有時卻是讓醫生診斷的偏差耽誤了。一個人的失敗，往往在開始的時候就有所象徵。古代某位帝王登基以後，得意忘形，叫人用象牙做了一雙筷子使用，他的叔叔看到了，悶悶不樂。許多人不明白為什麼他不高興，他說：「王一旦用象牙做筷子，必定不會用土製的瓦罐盛湯飯吃，肯定改用犀角或玉做的杯碗，所吃的食物也一定是天下最難得的珍品，所用的、穿的，一定是世上最高貴的東西，這樣下去，後果不堪設想。」果然這位帝王好酒淫樂，加重百姓的稅收，不聽諫言，不到五年，就被人殺害。

以前我和一團商人出國考察，晚上大家受邀到歌劇院看表演，其中一個年輕富商，出手闊氣驚人，愛出風頭，歌劇院的接待員為他開車門，他給小費一百美元。我們看在眼裡，心想這樣揮霍，遲早要失敗的。果然在五、六年後，這個人就破產了。

但得夕陽無限好，何須惆悵近黃昏。

許多事情，往往在快要成功的時候失敗了。開頭固然重要，結尾也不可忽視，所以老子說：「慎終如始。」人的一生，青年時勇於創業，中年希望理想變成了事實。老人安享晚年，不要悲嘆「夕陽無限好，只是近黃昏」。朱自清把這個詩句改了，非常有意思，他說：「但得夕陽無限好，何須惆悵近黃昏。」老來不斷地清洗身上的暮氣，不斷地剖析自己，晚年有如美麗的夕陽，紅霞滿天，光彩耀目。英國人說：「誰笑到最後，誰就是笑得最好。」

鬥智不如棄智

老子提倡政府棄智，人民愚樸，百姓自然生存。他反對多智，因治國者要計謀，人民也出高招，這樣上下鬥智，君臣相欺，有哪個國家能夠不亂？他的這種思想，卻被歷代的帝王濫用了，秦始皇統一了天下，馬上燒書、活埋讀書人。因為讀書人越多，百姓就容易造反。元朝竟把讀書人排在三教九流中的最後一流，比妓女、乞丐還要低賤。

換一個立場說，政府提倡聰明，百姓為了展現自己的本領，欺詐、狡猾、奸佞的知識越多，大家忽略了保守自己的內在本性，只知道批判他人的過錯，不知道反省自己的錯誤，天下當然要亂了。知道政府正在推舉賢能，大家即刻有所圖謀。知道政府正要任用才智，大家便會互相欺詐，這樣甚至子殺父，臣殺君，白天搶劫，作奸犯科，層出不窮。用養人的方法去養鳥，那隻鳥不死才怪呢！

江海為百川之王

江海之所以能成為百川之王，使天下的河流都奔流匯歸於它，是因為它善於處在低下的位置，所以能為百川之王。想要居在萬民之上，就必須對人民言語謙遜，心口一致。想要居於萬民之先，就必須對人民的態度謙恭。雖然居在上位，而人民並不感到有什麼負擔；雖站在前面，人民也不會感到有什麼損害。一國之君要能使人民都樂於愛戴和擁護他，不厭棄他。因為不和任何人相爭，所以天下也就沒有人能爭得過他了。

一個人如果謙虛，常以為自己不如別人，是可以得到人心的。因此，想要天下的人爭不過你，你就必須不與天下人爭。

有一首禪詩是這樣的：「手把青秧插滿田，低頭便見水中天，六根清淨方為道，退步原來是向前。」

有一天，子夏和孔子談起同學們的長處時，子夏問孔子：「老師，您認為顏回的為人怎麼樣？」孔子說：「顏回的仁德修養比我還好。」子夏問：「那麼，子貢的為人呢？」孔子說：「子貢的辯才比我還好。」「那麼子路呢？」，「子路的勇氣比我好。」「那麼子張呢？」，「子張比我穩重莊敬。」聽到這裡，子夏忍不住站了起來，很疑惑地問：「既然他們四人都比老師聰明，為什麼還要來向老師學習？」

孔子從容地說：「你坐下來，我詳細告訴你。顏回雖然仁德高，但不懂得通權達變。子貢雖然有高度辯才，卻不知收斂鋒芒。子路雖然非常勇敢，卻不懂得謙退恕人。子張雖然穩重莊敬，卻不懂得溫和平易。以他們四個人的優點來和我交換，我是不會答應的。所以他們只好來向我學習。」人各有所長，聖人未必樣樣勝過凡夫，但聖人之所以為聖人，師者之所以為人師，以其博學多識，寬大能容，集各人的特長，化為賢明。指揮家不可能彈奏每一種樂器，但是他對各種樂器都很熟悉，他的聽覺、心靈可以和每一種不同的樂器、音樂和演奏者溝通，並指揮他們。

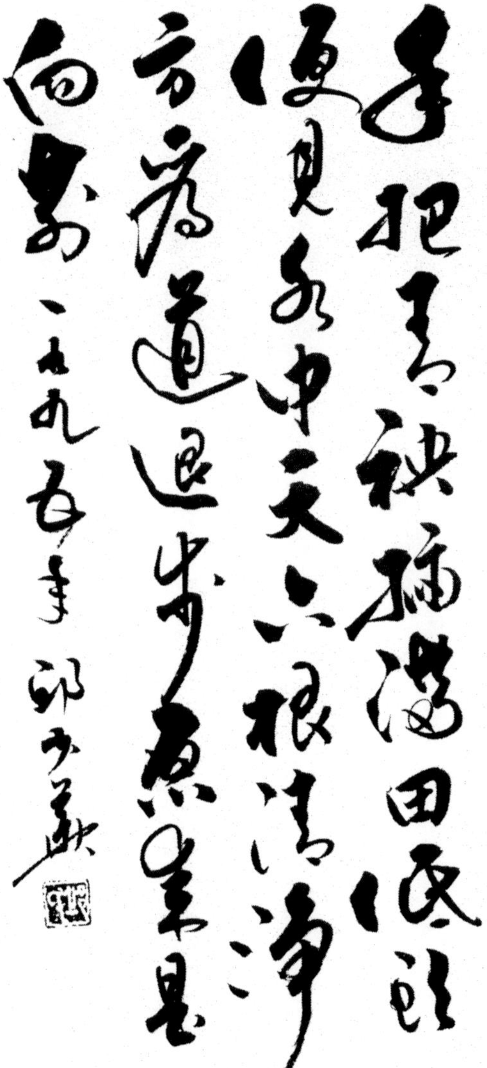

手把青秧插滿田，低頭便見水中天，六根清淨方為道，退步原來是向前。

三件寶貝

「我有三件寶貝，永遠保持著的，一是慈愛，二是儉嗇，三是不敢為天下人之先。」慈愛就能愛眾生，產生勇氣；儉嗇就能蓄養精力，積德而廣做善事。「不敢為天下先」的人，反而得到擁護，成為萬物的主掌。然而如果捨棄慈愛而求取勇敢，捨去儉嗇而求取寬廣，捨去退讓而去爭先，那就走向死亡之路了。

三寶之中，慈愛最重要，以慈愛之心戰爭，則會勝利，用來防守則能鞏固。天要救助一個人，必定給他慈愛的心，使他有自衛自助的能力。

老子在三寶中強調「慈」為第一寶。《孫子兵法》〈地形篇〉中有「視卒如嬰兒，故可與之赴深溪，視卒如愛子，故可以之俱死。」意思是說以慈愛，對待士兵，士兵都樂意為他犧牲。但是不慈而勇，是血氣之勇；不儉而廣，則是不義之廣；不後而先，則是失群之先，這都是捨本逐末，最後必歸於滅亡。

「慈」是給天下人庇蔭，讓世間人都受其恩澤，把自己的幸福分給別人，也一起享受。儉節的美德可以避難，可以過著安穩的生活。不敢為天下先，並不是畏首畏尾，什麼都不敢去做，而是盡隨於萬物之規矩，故不敢為天下人之先。

老子談兵法

善於做將帥的，不會顯出勇武凶猛的樣子。善於作戰的人，不會輕易發怒；善於克敵的人，不會和敵人交鋒；善於用人的人，謙虛而處於眾人之下。這種不武、不怒、不與，就是不與人爭的美德；處於下位，就是利用別人的能力。不爭之德，用人之力，兩者都能做到，便合乎自然了，是自古以來的終極法則。

爭勝趨利，是身為大將的大忌，《孫子兵法》說：「百里而爭利，則擒三將軍，五十里而爭利，則蹶上將軍。」

將帥不但不能表現勇武，有的時候還要表現柔弱。

孫子又說：「能而示之不能，用而示之不用。」善戰者不怒，因為怒則失去智慧。

「上兵伐謀，其次伐交，其次伐兵」，可見最善於用兵的人是以計謀勝，第二才是伐交，最下策是出兵作戰。出兵交戰，即使是百戰百勝，也不是善之善者，不戰而能屈人之兵，則是善之善者。「不爭」和「處下」的思想，正是最高的取勝之道。

用兵的人曾說：「我不敢為先挑起戰火而出兵，只是在不得已的情形下才起兵應戰。在作戰時也不敢逞強推進一寸，寧可謙讓退避一尺。」這就是所謂的：雖有行陣，但作戰時好像沒有行陣可列；有臂膀，但好像沒有臂可舉；有兵器，但好像沒有兵器可持；雖有敵人，又好像無敵人可擒。這樣就可以制敵於先。

禍害之大，沒有比「輕敵」更大的了。輕視敵人，就喪失了自己，所以舉兵交戰時，有慈愛的心往往最後可以得到勝利。

不敢為主而為客，不先挑起戰火，只是在不得已時才動用武力，所謂「後而不先，應而不唱」，這和先下手為強似乎有所出入，其實是和「不武」、「不怒」有異曲同工之妙。「不敢進寸而退尺」，不貪心冒然進攻，擴大戰事，而寧願退避讓人，以消滅禍害，也就是「不與」的意思。敵不動，我不動。敵欲動，我先動。

古時的一位君王，所居住的地方受到敵人的攻打，他送獸皮財帛給敵人，敵人不接受，送寶馬、珠寶也不接受，硬是要土地。於是這位君王對他的子民說：「我不忍讓各位因為戰爭而喪失子弟，所以決定放棄這個地方遠走他鄉。你們仍然可以留下來，做我的臣民和他人的臣民並沒有什麼不同。而且我相信，他們絕不會因為爭土地而殺害百姓的。」說完，拄著杖離開了，跟在他後面的百姓不計其數。後來他們到了另一處山腳下，又建立了一個國家。像這樣的人，可說是重視生命，有慈愛的人。

知與不知

老子說：「我的言論很容易了解，也很容易實行。可是天下人，卻不能明白，又不肯照著去做，一再沉迷於私慾和名利。」

老子對人們不了解他的言論和思想而感嘆。孫中山先生把世界人類，根據天賦分成三種：有先知先覺者，有後知後覺者和不知不覺者。先知先覺的人是個發明家，後知後覺的人是傳道家，不知不覺的人是實踐家。三種人互相為用，協力進行。

古人說：「知易行難」，這是華人的劣根性，知道了卻只講不去做，也是一個國家百事腐敗的原因。孫中山卻提出「知難行易」的學說，意思是隻怕不知道方法，知道了就好辦事。孫中山認為無論做什麼事，成功都是在於有好辦法，方法是自學問知識而得，先有了學問，便有知識，便有方法。而天下之事，不怕不能行，只怕沒有去實行的人。

能夠知道自己是無所知的，這是最高明的了。不知道自己一無所知，卻自以為了不起，這就是缺點和病。所以聖人沒有這個毛病。正因為他把這個毛病當作是毛病，所以才沒有這個毛病。

這和「人貴在有自知之明」同一個道理。大哲學家蘇格拉底說：「我比別人聰明一點，是因為我知道自己愚蠢，而別人卻不知道自己愚蠢。」到底知不知道？像孔子這樣的聖人，也不清楚。有一次孔子外出，看到兩個小孩子在吵架，爭執不下，其中一個說：「我認為太陽剛升起來的時候，距離我們比較近，中午的時候距離比較遠。」另一個說：「我認為太陽初升的時候離我們較遠，中午的時候離我們較近。」第一個小孩解釋道：「太陽初升時大如車輪，到中午時就小得像一個碗那麼大，這不是遠的小，近的大嗎？」另一個小孩說：「太陽初升時天氣只是暖和而已，到了中午卻熱得要死，這不是近的熱，遠的涼的道理嗎？」

孔子聽了，也被弄糊塗了，笑笑地看著兩個小孩子，沒有辦法做個判決，兩個小孩指著孔子笑道：「大家都說你很聰明，原來你竟連小孩子的問題也解答不出來。」

從前有一個人，自稱懂得不死之術。國王為求長生，便派了一個使臣，前往學習這種不死之術。這個使臣動作太慢，隔了一段時間才趕到那裡，想不到那個會不死術的人卻先死了。國王知道這件事後非常生氣，想把這個使臣殺掉，但身邊的一個寵臣說：「人所憂慮的事，莫過於死亡，人最寶貴的也莫過於生命，現在那個懂得不死術的人，連自己的生命都保不住，國王又怎能學到什麼不死之術呢？」國王覺得有理，氣也消了。

另外有一個人也想學這種不死術，得知那個會不死術的人死了，便搥胸頓足，悔恨自己失去了機會。許多人連學習的目的都不知道，還學什麼？世上有許多人，知道某種祕術，自己卻不一定能運用。「知」是行的開始，「行」是知的成果，兩者同時運用，就是「知行合一」。不死之術所說的有「能知不能行」，有「行而無所知」。

人只知道正面的好處，卻不知道反面的害處。有人在元旦獻上了鳩鳥給趙簡子，簡子非常高興，就重賞他們。人們問他為什麼高興？他說：「元旦是放生的好日子，人民送來鳩鳥正好放生，多賞他們一點錢，就會送來更多，這表示我的仁德澤及禽獸啊！」像這樣的情形，自古到今都是一樣。現在許多人做善事放生，善男信女知道了，互相爭著買鳥，賣鳥的人又互相爭著捕鳥，在捕捉時難免打死了許多鳥。而當鳥未放生之前，幾百隻關在一個籠子裡，擁擠而沒有空氣，又死傷了許多。到最後放生了，讓牠們自由飛走，最少有五分之一的鳥，因為翅膀受傷飛不起來，或腳軟體弱無法展翅飛翔。這些被放生的鳥雖然自由了，卻無法覓食生存，不久都死了。

真正的善心，有心讓鳩鳥得生，應該禁止人民捕鳥，捕了才放生，恩惠補不了過失，有何功德可言？早年一位田先生，在大庭園中為朋友餞行，食客千多人。宴會中，有人送大魚給他，田先生看了，不勝感慨地說：「上天對待我們人民，實在是太厚德了。繁殖五穀，生養魚鳥，來供人食用。」賓客們都異口同聲地附和他，只有席間一個十二歲大的孩子，站起來說道：「各位不必喊好！無地萬物，和我們並存在這個世界，只是類別不同，並無貴賤之分；只是因為形體大小，智慧高低，力量有無，彼此弱肉強食罷了，絕不是某種生物專門為某種生物而生，專門繁殖給某種生物食用。人類智慧高，將所有可以吃的都拿來吃，怎麼能說是上天為人類所準備的呢？照你這麼說，蚊子吸人血，虎狼吃人肉，也是上天為蚊子、虎狼而創造人類，供他們食用的嗎？」上面所說的，大人不知，小孩反而「知」。

人往往對自己所看到所想的，以為是對的，以為是理所當然的，其實完全是相反的事實。有個人穿著白衣服出門，回家時淋了大雨，便將白衣脫下，換上黑色衣服，剛走進家門，家裡的狗認不出是他，對他吠個不停，他大怒之下拿著棍子要打狗，哥哥則勸他說：「不要打牠，你想想，如果現在這隻狗，也是白的出去，黑的回來，你不是同樣會感到奇怪嗎？」

有一天，莊子見了魯哀公，和他談了道術。哀公說：「我們魯國的人都修儒術，好像沒有什麼人修你的道術。」莊子說：「魯國也沒有什麼人修儒術啊！」哀公說：「怎麼沒有？你沒看到我的國人，到處是穿著儒服的人嗎？」莊子說：「穿儒服的人就一定懂得儒術嗎？我聽說儒者戴圓形帽子，是表示他知道天文學。穿方形鞋子表示知道地理，佩綵帶玉塊表示做事有決斷。可是這些人真的有這種能力造詣嗎？我請大王下令：凡是不懂儒術而穿儒服的人要處死罪，到時就知道他們是否真的懂得儒術了。」

第二天，哀公下令：「凡是不懂儒術的人，五天之內，除下儒服，否則處死罪。」五天以後，整個魯國竟沒有一個人穿儒服。世界上知「道」的人很少，但是穿著道的外衣的人很多。

天網恢恢

凡是勇於表現剛強的人，就會遭到殺害，勇於表現柔弱的人，反能生存。這兩種人，同樣是勇敢，一個有利一個有害。為什麼上天厭惡「勇於敢」的人？沒有人知道原因。就連聖人也覺得難以解釋。天道是不爭強而善於取勝，不說話而善於回應，不召喚而萬物自歸，寬坦無心而善於籌謀。天道就好似一個大網，廣大無邊，籠罩的範圍無所不包，它雖然是稀疏的，但卻沒有一樣東西可以從中漏失。天網恢恢，疏而不漏。

強者死

人活著的時候，身體是柔軟的。死了以後就變僵硬了。草木活著的時候是柔弱的，死了以後，就變枯萎了。所以凡是堅強的東西，都是屬於死亡的一類，柔弱的反而是屬於生存的一類。因此，兵勢強大，未必可以取勝。樹木強大，反而要遭到砍伐。凡是強大高居的人，結果必被厭棄，反居人下。而那些柔弱自守的人，最終必受人愛戴，反居人上。

樹木強壯高大，才會被工匠所砍伐，牙齒很堅固，反而脫落，舌頭柔弱，反而得以保存。

勿讓人民飢餓

人民之所以飢餓，是因為在上位的人收稅太多，使得人民無法自給，所以飢餓。人民之所以難以治理，是因為在上位的人胡作非為，使得人民無所適從，所以才難治理。人民之所以輕視生命，是因為上位的人奉養太豐厚，使得人民無法維生，所以輕視生命。因此如果在上位的人，恬淡無欲，清靜無為，那麼比起那些貴生厚養欺壓百姓的人就高明得多了。

老子戒殺

人民飽受苛政刑罰的壓迫，到了不怕死的地步，必定起來反抗，這時以死來威脅他們又有何用？如果人民怕死，一有邪惡作奸犯科的人，就把他抓來殺掉，那麼誰還敢做壞事？天下刑罰那麼多，卻不見犯法的人減少。天地間冥冥之中，自有專門殺生者來主宰萬物的生死，又何為人來代勞。如果人類要代替天地間殺生者的工作，就好像不會工藝的人，來代替木匠砍木頭，很少有不砍傷自己的手的。

老子所說的「司殺者」，指的是用苛政暴刑殘殺人民的暴君。天地萬物，自有其法則，春生、夏長、秋收、冬藏。秋冬肅殺，萬物凋零，自然現象與規律，不需要我們操心。

禽獸和人

在太古的時候，禽獸和人雜居在一處，共同生活，和人在一起，毫不畏懼。到了帝王時代，禽獸才被人類驅逐，驚慌散亂了。又到後來，一個個都隱藏逃竄，生怕被人類所傷害。其實人心比毒蛇還毒，行為往往不如禽獸。現在讓我們來看一看，一個體高一百八十公分，有手有腳，會走會跑會講話的動物就叫做人。然而外貌是人，說不定他的心，是禽獸的心，儘管是獸心的人，外表看起來還是個人，大家都和他親近。另一個長有翅膀，頭生角、尖牙利爪，或飛或竄，或伏或跑的動物就叫做禽獸。然而禽獸的心，說不定是人心，儘管有人心的獸，外表還是禽獸，大家都疏遠他。

為什麼中國神話中的伏羲氏、女媧氏、神農氏、夏后氏他們都是蛇身，人面、牛頭、虎鼻，沒有一個完全像人的外貌，但是他們都是大聖人、大德的人。相反的，中國古代昏君夏桀、殷紂王、魯桓、楚穆、秦檜、李林甫等人的外貌七竅，都是人樣，卻都是獸心，禽獸和人有什麼差別呢？我們罵人禽獸，或是禽獸不如，其實也只是說禽獸不知倫理，有時孩子和父母交配而不知。然而禽獸都懂得維生，不須靠人教導，都懂得雌雄相配，母子相親，也懂得趨吉避凶，去寒就溫，合群生活，外出成列，幼小在內，強壯在外保護，有喝的互相帶路，有吃的就鳴叫通知，這些有人性的優點，凡人都知道，可是有幾個人真正做得到？

理想的國家

理想的國家是：國土很小，人民很少。即使有武器也不運用。人民愛惜生命，不會隨便遷移他方。人民樸素恬淡，吃的雖是粗食，但覺得甘美；穿的雖是破衣，但覺得漂亮，住的雖然簡陋，但覺得安適，風俗雖然簡樸，但覺得很快樂。和鄰國之間，彼此都看得見，雞狗的叫聲也可以聽見，因為生活安定，所以人民從生到死，不會離開自己的國家，與鄰國的人互不往來。

老子的學生楊朱，是個樂天派的道家學者，他看出人生苦短，所以主張從心所欲，盡情享樂，不損人利己，卻也不「損一毫以利天下」。有一天，楊朱去見梁王，告訴梁王說：「治理天下，就像是把天下放在手掌中操作一樣簡單。」梁王說：「你連一妻一妾都不能管好，三畝的田地都無法管理，竟然說治理天下像舉手之勞，太過分了吧！」楊朱說：「你沒有看過牧羊人嗎？成百的羊群，只要派一個一百三十公分高的小孩，拿著竹竿，跟在羊群後面，指使羊群，要往東就東，往西就西。假使現在牽著一頭羊，手裡拿著竹竿，跟在羊的後面，就無法隨心所欲的指羊群前進了。」小國寡民，就像羊群一樣。任由牠們自由自然自在，不必要怎麼應用智謀的。有一句諺語說：「人間百日生病」，話說一個農夫早出晚歸，忙於農事，自得其樂，吃起菜來，美味無比，他的肌肉粗厚，筋骨勞頓，安逸而樂此不疲。如果有一天讓他住在柔軟的華屋毛毯裡，吃的是肥肉山珍海味，反而弄得他心痛體煩，煩亂躁熱，百病叢生，整天坐臥不必工作，等於是殺了他一樣。可見自忙其忙，自得其樂是重要的。

小國寡民，實在是一個理想的國家。沒有苛政，沒有戰爭。人民純樸，生活簡單，甘食美服，安居樂業。

不需要奔波勞碌，也沒有恐懼煩惱，真是個美好的世外桃源！然而這樣一個國土，是不可能存在的。人類的自私、多欲會破壞這個理想。人類的繁殖，使人口越來越多，流品越來越複雜，知識技巧越來越豐富高明，再怎麼好的小國寡民安樂世界，也會被破壞。

以百姓之心為心

老子認為，聖人治理國家沒有私心，以百姓的意見為意見。百姓善良的，我們善待他們；不善良的，也善待他們。如此一來，人人都歸於善良了。百姓信實的，我們以信待之，不信實的，更要以信誠待之，這樣人人都會信實了。聖人對天下，無私無欲；治理天下，純樸渾厚，百姓也都沒有心機，凝視靜聽，聖人把他們當成自己的孩子一樣愛護。

這是老子的民主思想，以百姓之心為心，愛民如子。孫中山的三民主義，也是從老子治國思想得來的。

孫中山說：天下之達道者三：民族也，民權也，民生也。所以行之者三：智、仁、勇也。智仁勇三者，天下之達德也。所以行之者一也，一者何？誠也。誠也者，擇善而固執之者也。孫中山的三民主義、博愛、世界大同，仁民而愛物，天下為公，正是把老子思想的道和德，發揮得淋漓盡致。

孫中山的三民主義是：民族、民權、民生，淺意地說就是民有、民治、民享，國家是人民所共有，政府是人民所共管，利益是人民所共享。而所行者三：智、仁、勇，智者不惑，仁者不憂，勇者不懼。

天下至柔者，水

天下沒有一樣東西比水柔弱。任何攻堅克強的東西，都不能勝過水。世上再也沒有別的東西可以代替它。弱能勝強，柔能勝剛，這個道理無人不知，卻沒有人能夠實行。所以說：「能夠承受全國的屈辱，才配得上做國家的君王；能夠承受全國的災禍，才配做天下之王。」這種正面的話，恰和一般常情相反。

老子把合於道的人，比喻為水，水是善利萬物，卻又不會與萬物相爭，它樂於停在大家所厭惡的卑下地方。在圓則圓，在方則方，阻止它就停止，排除它就流行。但水能環山穿石，磨鐵消金，它所受困、受屈辱越大，解放時的力量就愈強。它有不爭、謙恭、涵養，就於低位的美德。西元一六〇四年日本的黑田孝高，曾經用水的策略打了一次大勝仗，過後他以「如水」作為自己的號，又寫下了〈水五則〉：

（一）自己活動，並能推動別人。

（二）經常探求自己的方向。

（三）遇到障礙時，能發揮百倍的力量。

（四）以自己的清潔，洗淨他人的汙濁。

（五）汪洋大海，能蒸發為雲，變成雨、雪，或化而為霧，又或凝結成晶瑩如明鏡的冰等，不論其變化如何，仍不失其本性。

孫子在兵法中也發揮了老子「以水喻兵」的作用，他說：「夫兵形象水，水之形，避高而趨下，兵之形避實而擊虛。水因地而制流，兵因敵而致勝。故兵無常勢，水無常形，能因敵人變化而取勝者，謂之神。」

水沒有人的智慧（小聰明），不會花言巧語，從來不相互嫉妒，相互排擠，相互傾軋，而是相互團結，相互包容，相互激勵，由小溪流入小河，由小河流入大河、大江，最後實現自己的奮鬥目標，投入大海的懷抱。

水是柔弱的，但並不是懦弱。老子年輕的時候，曾經請教過一個人叫商容。商容是個很有學問的人，在他生命垂危的時候，老子來到他的床前問候。商容對老子說：「你的思想已經很成熟了，現在我想問你：人們經過自己的故鄉時，要下車步行，你知道是什麼原因嗎？」老子說：「那是要表示沒有忘記故鄉水土的養育之恩。」商容又問：「走過高大蔥翠的大樹之下，人們總要低頭恭謹而行，這又是為了什麼？」老子說：「那是大家都仰慕大樹頑強生命力的緣故。」

突然間，商容把嘴巴張開，然後問老子：「你看我的舌頭還在嗎？」老子說：「還在。」商容又問：「那麼我的牙齒呢？」老子說：「已經全部掉光了。」商容有氣無力地問道：「你明白這是什麼道理嗎？」老子說：「這是剛強的容易早衰，而柔弱的可以長存不壞。」商容嚥下了最後一口氣說：「天下的道理，已全部包含在這三件事之中了。」

柔弱的水象徵人的精神，不被妄念和慾念所拘束，它的心靈寧靜自由。莊子說：「天下無恥的人大多富有，言過其實的人大多顯達。但是無論是貧困還是富貴，順利還是逆意，都不能失去人的本來自由和平靜之心。不因寵辱而驚。所謂「水流任急境常靜，花落雖頻意自閒。」

水靜靜地流淌在大地上，雲靜靜地飄浮在天上，人也須靜靜地活在世上。

水流任急心常靜，花落雖頻意自閒。

結語

真實的話不好聽，好聽的話不真實。行為至善的人，不需要用言語來辯解；用言語爭辯的人，未必是有德的善人。真正知道的人，深求真理，所以知道的不夠廣博。自以為知識廣博的人，不求深理，未必有真知。聖人沒有私心，什麼也不積留，盡全力去幫助人，自己反而越充足。盡量施予人而自己反而更富裕。上天是無私的，對萬物有利而無害。所以聖人要善解天意，只有奉獻而不與人爭奪。

世間事，有用言語來表達的，有用心意去推測的。但是往往說得越多，離開原意就越遠。天下事是理無常是，事無常非。

歷史上的思想家和學者，極少談到宇宙的問題，不是不談，而是不懂不敢談。老子對宇宙的起源、形成、變化、規律、永恆、不息等說得很清楚，他的無上智慧在兩千五百年前，在東西方哲學家思想家裡，似乎找不到第二人。

「道」是宇宙的起源，天地萬物是「有」，而道是「無」。道生萬物時，本身也是個「有」，因此「道」是無，也是有。無是體，有是用。道超越了時間，也超越了空間。它沒有生死、沒有大小。道創造萬物，自己卻一點也不損傷，這種力量永不停息，取之不盡，用之不完，無所不至。不像人類和動物，生兒育女，傳宗接代，必須接受衰老的代價。我們看一個女人，美麗可愛，十多年後突然變成一個臃腫衰老的婦人，原來她的身邊多了一群孩子。有時候，我們看到一隻很可愛的雌性小狗，一、兩年不見，突然間變成一隻老狗，身體變了形，眼神沒有了光彩，身上的毛掉了許多，皮膚粗燥，我們都嚇了一跳。後來看到牠的乳房下垂，才知道牠生了幾胎小狗，變成這個樣子。世界上，母愛是最偉大的。

「道」的玄妙，宇宙的無邊無際，老子只能用「混成」、「恍惚」兩個詞來形容。到了今天，宇宙之大，仍不是人類可以想像、理解和形容得出來的。「道生一，一生二，二生三，三生萬物」，一即是有，是數之開始，物之極。一氣又分有陰陽，二生三，三延續而生萬物，精子和卵子結合成為受精卵，竟然可以繁殖成為一個萬物之靈的人。那麼我們又何必去追問：「先有雞，還是先有蛋」！

道的偉大，並不單單在於生成萬物，而是它無私地不主宰他們，不占有他們。這就是人類所應該學習的美德和真理。一切任其自然，自然就是道，道就是無為，而人再怎麼厲害，還是鬥不過自然。所以「人法地、地法天、天法道、道法自然。」自然是相反相成，反復不息的，相反對立的、公平、無私的。所以人要懂得委曲求全，以柔克剛，以靜制動，萬物歸根，最終歸於寂靜。

老子的人生哲學是「自然無為」。人們如果可以和道合一，與自然和諧，就了無凶災。修道的人要抱樸守真，真和樸都是道的本質，是嬰兒的天性，越是為外在事物欲念所矇蔽，越是遠離真樸和自然。所以人要知足，身外物只能帶給我們煩惱勞累，它即使給我歡樂，也只是暫時性的。所以過分貪心，不知道滿足，一定會招來災禍。

老子主張棄智絕巧。因為愛好賣弄聰明的人，自己日子過得很痛苦，而且也是社會混亂的禍首。「智慧出，有大偽」，老子並不是要大家都變成白痴，只是要人們不要妄用智巧，而是順應自然，「大巧如拙」、「大智若愚」。老子要我們養靜，因為「靜者心妙」。他又要我們學水的謙卑精神，不與人爭，天下就沒有人和你爭。得失福禍本來就是互相倚靠的。

除了強調「無為而治」、「不言之教」外，老子也嚮往「小國寡民」，反對戰爭，這樣人民都很純樸，生活簡單，甘其食，美其服，安居樂業。他要執政者守道抱一，以人民之心為心，使人人發揮他的自治能力，別像烹煮小魚這樣翻來覆去，破爛不堪。

理想國家為什麼難實現？主觀的因素是人太自私了，太多欲了，總是為自己打算。客觀的因素是人口繁衍太多了，品行流派太複雜了，「知識」太高、太進步了。對理想國家造成障礙和破壞。

老子的才智、學說和思想，都在他的八十一章道德經裡展現出來。在今日的資本主義社會裡，老子思想可以使我們在處世待人，經商從政等各種生涯中，得到很大的啟示，使我們的生活過得更踏實。

電子書購買

爽讀 APP

國家圖書館出版品預行編目資料

老子在商界！古智慧引領現代企業：從道德經到處世哲學，商業、政治、日常生活中的道家思想 / 邱少華 著 . -- 第一版 . -- 臺北市 : 財經錢線文化事業有限公司 , 2024.06

面； 公分

POD 版

ISBN 978-957-680-904-0(平裝)

1.CST: 道德經 2.CST: 研究考訂

121.317　113007895

臉書

老子在商界！古智慧引領現代企業：從道德經到處世哲學，商業、政治、日常生活中的道家思想

作　　者：邱少華

發 行 人：黃振庭

出 版 者：財經錢線文化事業有限公司

發 行 者：財經錢線文化事業有限公司

E-mail：sonbookservice@gmail.com

粉 絲 頁：https://www.facebook.com/sonbookss/

網　　址：https://sonbook.net/

地　　址：台北市中正區重慶南路一段 61 號 8 樓

8F., No.61, Sec. 1, Chongqing S. Rd., Zhongzheng Dist., Taipei City 100, Taiwan

電　　話：(02) 2370-3310　　**傳　　真**：(02) 2388-1990

印　　刷：京峯數位服務有限公司

律師顧問：廣華律師事務所 張珮琦律師

定　　價：330 元

發行日期：2024 年 06 月第一版

◎本書以 POD 印製